U0745911

社会主义核心价值体系建设

"双百"出版工程

项 目

/ **100**位
新中国成立以来感动中国人物/

吴 天 祥

熊金超/著

★

吉林文史出版社

前言

　　每个人的心中都多少有一点英雄情结，都向往英雄、景仰英雄。也正因此，在中华人民共和国建国六十周年之际，由中央十一部委联合组织开展的"100位为新中国成立作出突出贡献的英雄模范人物和100位新中国成立以来感动中国人物"的评选活动中，群众参与投票总数近一亿。这其中的每一张选票，都表达了人们对英雄模范的崇敬之情，寄托着对伟大祖国的美好祝福。

　　一个民族不能没有英雄，否则这个民族就不会强大。当国家危难之时，懦弱者选择了逃避、妥协甚至投降，英雄们却挺身而出，用热血捍卫民族的尊严，人民的幸福。在创立和建设新中国的伟大历程中，涌现出无数可歌可泣的英雄模范人物。他们之中，有为了民族独立和人民解放而英勇牺牲的革命先烈，有为了党和人民的事业而不懈奋斗的优秀共产党员，有在全民族抗战中顽强奋战、为国捐躯的爱国将士，有英勇杀敌的战斗英雄和革命群众，有积极从事进步活动的著名民主爱国人士和国际友人……他们是民族的脊梁、祖国的骄傲，是激励全体人民团结奋斗的精神力量。

　　《100位新中国成立以来感动中国人物》丛书，就像一部星光璀璨的英雄谱，真实、完整地记录了英雄模范人物不平凡的一生，再现了他们非凡的人格魅力和精神世界。舍身堵枪眼的黄继光，拼命也要拿下大油田的王进喜，中国原子弹之父邓稼先，新时期领导干部的楷模孔繁森……一串串闪光的名字，一个个动人的故事，犹如群星闪烁，光耀中华。

　　当今中国正处于伟大变革的时代，迫切需要涌现出一大批勇于承担历史使命、为祖国和人民奉献一切的先进人物。在"双百"人物崇高精神的引领下，在建设社会主义现代化国家的征程中，必将英雄辈出。

生平简介

吴天祥,男,汉族,湖北省钟祥市人,中共党员。1944年出生,武汉市武昌区政府原巡视员。

吴天祥始终坚持"上为党分忧、下为民解难"的信念,几十年如一日为群众做好事、办实事,对待人民群众不是亲人胜似亲人,在党与人民群众之间架起了一座"连心桥",深受人民群众的拥护和爱戴。他把家里的电话向社会公布,方便遇到困难的群众及时求助。他坚持每天早上6点半上班,接待上访群众2万余人次。他捐钱捐物、甚至捐骨髓,倾其所有救济困难的下岗职工,把女儿用来结婚的新房让给困难户,卖掉父母遗留的房产,抵押贷款助人创业,先后照顾过26位孤寡老人、6名孤儿,结下了300多个"穷亲戚"。他用真情和爱心感化服刑人员。25次义务献血7000毫升,4次跳入长江救人,跳进窨井疏通公厕管道。节假日他很少休息,经常深入到困难群众的家中体察民情,将大量群众反映的困难和疾苦向有关部门反馈,督促尽快解决。在他的影响下,湖北省成立了1万多个"吴天祥小组",有10万多名成员,常年为群众办好事,成为全省精神文明建设的重要品牌。他是中共十七大代表,被授予全国优秀共产党员、全国先进工作者等荣誉称号,被评为全国道德模范。

1944-

[WUTIANXIANG]

◀吴天祥

目 录 MULU

因为有你，不再孤单（代序）

"因为有你，所以不同；因为有你，此生足矣；因为有你，2013，不再孤单……"

2012年12月28日夜，瑞雪过后的武汉，寒气逼人。

但在东郊藏龙岛上，一所高校的大学生集体朗诵的这一朴素如歌的诗句，却温暖着每一个人的心。

选在传说中的"世界末日"之后，数以千计的大学生济济一堂，盛装举办迎接新年的晚会，用"2013（爱您一生）"的心态，迎接地球的新生。

他们是普通的大学生吗？是，在武汉100万大学生中，他们再普通不过了。

他们是普通的大学生吗？不，作为"吴天祥小组"的志愿者，他们对世界拥有与普通大学生不一样的情怀。

感恩，是一种坚守；

感恩，是一种幸福……

他们满怀信心。

他们决意要向全国道德模范吴天祥学习，与荆楚大地上的几万个"吴天祥小组"的志愿者一道，用感恩之心，拥抱社会，拥抱人生。

他们相信，有所有吴天祥人和热爱公益的人陪伴，从2013年开始，"我们永远不再孤单……"

如今，在吴天祥的感召下，湖北省成立了一万多个"吴天祥小组"，全省约数十万名成员常年以志愿者的身份，活跃在街道、社区……吴天祥人永远不再孤单。

感恩与激励

⊖ 记者的眼光

★★★★★

　　吴天祥成为焦点人物以后，每年采访他的记者络绎不绝。但他从默默无闻到家喻户晓，还源自一位记者的眼光。

　　1995年的一天，《武汉晚报》记者王文英路过吴天祥办公室，只见他端坐桌前，正聚精会神地写着什么。

　　作为一名对口武昌区的记者，王文英对"好人吴天祥"早就了然于胸。但正面宣传一位干部《晚报》尚无先例，再说平时不苟言笑的吴天祥，未必接受采访。

　　她走进吴天祥的办公室，坐了下来，试探性地说："吴主任，我这个月的发稿任务还没完成，还差一篇。"

　　吴天祥一听，立即帮着起急来："我给你提供一点材料吧，也许能找到可写一篇的东西。"

　　王文英笑道："差您一篇。"

　　吴天祥慌忙摆手推辞："这段时间事太杂，我哪有空闲写文章啊！再说，水平低，写出来也是给你们编辑添麻烦。"王文英知道，吴天祥写稿有个特点，就是写那些群众迫切需要解决的内容。

　　比如，《当前群众上访心理状况调查与分析》《当前房屋开发拆迁中的五个问题及建议》《关于大东门八层楼居民区和大东门集贸市场的现状调查》等等。

大多是一些工作报告、问题研讨类型的文章，文笔像他的为人一样，朴实无华。

王文英曾有过几次想写吴天祥个人的冲动，但一直没有开口。"不，"王文英说，"不是约您写，而是写您！"

吴天祥对王文英说道："如果你写我，那是浪费《晚报》版面，那版面能收多少广告费呀。我52岁了，年过半百，干几年就退休，实在不值得浪费笔墨。我建议你多跑几个办公室，写写年轻人。"

王文英深知吴天祥的为人，见说不动他，只好先让自己下台："那我回去向老总汇报，说吴主任不支持不配合我报记者的工作。"

但王文英没有就此罢手。

回到报社，王文英不断地给同事们说"吴天祥值得一写"。之后又向总编辑魏锋汇报，向副总编辑海洋汇报。

吴天祥当过多年模范与先进，1993年还被中宣部、国务院办公厅、总政治部、团中央联合授予"全国学雷锋先进个人"称号，对于他的事迹，媒体并不陌生。

王文英说"吴天祥值得一写"，晚报的老总们却想听听她的说法。

没想到，说起吴天祥，王文英滔滔不绝：这个金潮汹涌的时代，多么需要空气的净化；人与人之间正在日益升高的冰山，多么渴望消融；推崇强者、漠视弱者的风尚，多么急于改变；吴天祥，滚滚凡尘需要他，我们这个社会、这个时代呼唤像他一样扶危济困、怜恤孤苦、见义勇为、迎难而上的好人……

说到吴天祥扶危济困的细节，两位总编都为之动容。王文英本想做个人物专访，没想到老总们拍板要做大篇幅的人物特写，并立即召开编委会，决定抽调资深记者参与采访这一重大时代典型。

武汉晚报社主笔林霓涛等深入武昌区，经过一个多月的深入采访，写出了第一篇反映吴天祥先进事迹的长篇报道。

1995年12月6日，《武汉晚报》以《爱的最高境界》为题，在头版隆重推出了吴天祥扶危济困、怜恤孤苦、见义勇为和在关键时刻迎难而上的先进事迹。

→ 媒体的报道

★★★★★

读罢这一长篇通讯，时任武汉市委宣传部部长的李宪生激动不已："这不正是我们这个时代呼唤的先进典型吗！"

他当即决定，组织发动省市及中央驻汉媒体，打一场宣传吴天祥的战役。

出任中共武汉市市委常委、宣传部部长之后，对优秀人物的宣传情有独钟的李宪生曾多次策划过重要的宣传战役。

他选择的，常常是那位卑职低，但为祖国为人民为事业默默奉献的人。比如农村小学教师李先胜，一生兢兢业业，最后倒在了三尺讲台。李宪生发动数十家新闻媒体集中宣传这一教育界的楷模，取得广泛社会效益。

12月25日，李宪生部长专程到《武汉晚报》，探讨并部署深入宣传吴天祥的先进事迹。酝酿准备一个月后，他在武昌区主持召开"吴天祥典型宣传通气会"，邀请《人民日报》、新华社、中央电台、《光明日报》、《工人日报》、《中国青年报》、《湖北日报》、《长江日报》等中央、省、市新闻单位的记者集中采访吴天祥的事迹。

李宪生说："欢迎记者朋友到那些僻街小巷里走一走，到那些被吴天祥帮助过的'穷亲戚'家里访一访；有时间的话，也让吴天祥同你聊一聊。你就知道该写什么和怎么写了。这不是任务。写什么和怎么写都由各位记者朋友自己定。你也可以不写，没人扣奖金。"

虽然不是硬性要求，但参与媒体在走进吴天祥的故事后，无不为之感动，纷纷派出精兵强将，深入挖掘这一先进典型。

2月27日，《湖北日报》刊发雷刚、董淑健等采写的长篇通讯：《把心捧给群众》；

同日，《长江日报》刊发吴冬三、余兰生、裴大中采写的长篇通讯：《心，贴着群众》；

3月4日，新华社《新华每日电讯》刊发金风采写的长篇通讯：《人民需要这样的公仆》；

3月26日，《人民日报》刊发龚达发、顾亦兵采写的长篇通讯：《优秀信访干部吴天祥》，并配发了《讲政治，爱人民——向优秀信访干部吴天祥学习》的评论员文章；

5月14日，中央电视台《焦点访谈》播出吴天祥专辑；

5月15日，《人民日报》再次在头版刊发新华社记者朱冬菊、金风和《人民日报》记者龚达发采写的长篇通讯：《基层党员干部的榜样——吴天祥》；

12月，长江文艺出版社出版田天的长篇纪实文学《你是一座桥》……

这是一场排山倒海的宣传战。据不完全统计，截止到1996年底，全国各地 300 多家新闻单位共播发吴天祥事迹稿件 900 多篇。

一时间，吴天祥成为影响中国的焦点，他震撼人心的事迹，通过媒体的报道，迅速传遍大江南北。

就这样，一个平凡的人，一位把群众的事情摆在第一位的基层干部，在偌大的中国，搅起一股道德旋风……

→ 社会的激励

★★★★★

在被媒体推上中国舆论的风口浪尖之后，吴天祥深感不安：我只不过做了一名共产党员、一名人民公仆应做的工作，离党和人民的要求差距还很远……

他感恩媒体，感恩社会，感恩那些他做了一点点好事就对他感恩不已的百姓。其实，他一系列荣誉的获得又何尝不是"被感恩"的结果。

1996 年 1 月 11 日，武昌区委区政府发出一号文件，做出《关于深入开展向吴天祥同志学习活动的决定》。这是武昌区发出的第二个号召向吴天祥同志学习的文件。第一个文件早在 1993 年初即已发出。

1996 年 3 月 29 日，武汉市委、市政府做出《关于广泛开展向吴天祥同志学习活动的决定》；

4月6日，中共湖北省委、省人民政府做出《关于在全省开展向吴天祥同志学习活动的决定》；

　　4月10日，武汉市委、市政府又做出《关于授予吴天祥同志"一心为民的好干部"称号的决定》；

　　5月7日，武汉市人大常委会全票通过《关于授予吴天祥武汉市"特等劳动模范"称号的决定》……

　　在此期间，新华社记者金风采写了一篇关于吴天祥先进事迹的内部报道，得到了党和国家领导人的重视。在收到高层领导的批示后，中共中央宣传部在组织全国各大媒体全面报道吴天祥先进事迹的同时，决定组织吴天祥先进事迹报告团在全国巡回报告、宣讲。

　　1996年5月14日上午，吴天祥事迹报告会在北京隆重举行。6000名中央直属机关、中央国家机关以及北京市的

党员干部和驻京部队指战员，汇聚人民大会堂，聆听一个普通基层干部催人泪下的故事。

1996 年 6 月 21 日，全国先进基层党组织、优秀党务工作者表彰会在京召开。江泽民总书记和其他中央领导人亲切接见吴天祥等"全国优秀共产党员"称号获得者。总书记在《培养高素质的干部队伍》的讲话中，称孔繁森、马恩华、李国安、吴天祥是优秀共产党员的典型。会上，吴天祥代表受表彰的单位和个人，向全国基层党组织和共产党员宣读倡议书……

感恩是一种传统

吴天祥的父亲吴正兴，5岁时就没了母亲。

俗话说，宁死当官的老子，不死讨饭的娘。对于一个长期依靠母亲勉强支撑的家庭来说，失去母亲就等于失去了家。

妻子去世后，平时老实巴交的吴父便一蹶不振，整日以泪洗面，两眼迷茫。吴正兴是在亲友乡邻的接济中长大的。

吴天祥说，正是在这种从小就在亲朋的恩泽中成长的经历，培养了父亲的感恩之心。

从十几岁开始，吴正兴就到一家杂货店当伙计。不论站柜台，还是扛货包，他的活儿都干得比别人好。他忠厚老实，平时少言寡语，做事不声不响，看上去有些木讷，但手脚特别勤快，待人接物特别谦和。他的老板逢人就夸奖他，上门购物的顾客也对他印象深刻。

吴天祥的外祖父是一生意人，靠一手做蜡烛的绝活，生活过比比一般乡邻要殷实富裕。因为是杂货店里的常客，时常与吴正兴接触，对他格外欣赏，有意将自己的女儿韩大兰嫁与他为妻。

媒人登门时，吴正兴大吃了一惊，他一夜没有睡着觉。虽然自己已经26岁了，但他上无片瓦、下无寸土，连一间自己的房子都没有，就是做梦也不敢想结婚的事情。

他以为媒人是拿他寻开心来了。

但媒人却说，这不是哄他开心，是跟他说正经的。

吴正兴有些惊讶："人家看上我什么呢？"

媒人告诉他，是她父亲"看上了你心地善良，看上了你忠厚质朴，看上了你勤劳干活……"

就这样，恍若做梦一般，吴正兴和韩大兰在租来的一间四壁漏风的土坯房里拜堂成亲。

第二天，新娘不慎摔碎了一只烛台，在清理碎片时，她才看清这烛台竟是黄泥捏成的。吴正兴穷得买不起真正的烛台。

第三天，吴正兴嗫嚅着告诉他的新娘：他身上的这套崭新裤褂，是租借的，他现在要去送还。租期只有三天。

新娘同情地说，你去还、马上去还！穷人穿着自己的衣服舒服。

吴正兴噙着眼泪说不出话。他没想到他的新娘这么体贴人、理解人。在一个穷人的生活道路上，能遇上风雨同舟的伴侣，真是从天而降的幸运，是八辈子修来的福分呀。

婚后，韩大兰先后生下十个孩子。但活下来的只有三个，两儿一女，吴天祥最小。

→ 感恩不只是回报

☆☆☆☆☆

和哥哥姐姐一样，吴天祥也是侥幸活下来的。

2岁那年，吴天祥患了急性肺炎：四肢抽搐，连续高烧不退，最后连哭的力气也没有，张开的嘴巴只剩下一缕游丝。

母亲日夜抱着他，除了不停地落泪之外，连哭都没了声音。

苦难的生活，一次又一次的丧子之痛，使年龄不满 30 岁的母亲分外的憔悴。她绝望地抱着奄奄一息的吴天祥，安静等待着又一个可怜的孩子在自己怀抱里死去……

父亲已开始在四处寻觅木板，要给垂死的孩子准备一副小棺材。他们没有别的办法，他们无能从死神那里把孩子抢回来。

这时，父亲突然眼前一亮。他看见几个"大军"士兵从门口走过。他们排着整齐的队伍。他们是共产党的队伍。

父亲目送他们走进"大军"医院。

父亲慌忙跑到母亲面前，说："医院！医院！我们为什么不把孩子抱去试试？"母亲只是无声地摇了摇头。

父亲一把抢过孩子，调头往"大军"医院跑去。他对这个医院并不抱什么希望，因为他没有钱支付医药费。

"天下一个理！没钱谁给治！"母亲披头散发地追出来。

值班的军人接过孩子看一眼，立刻叫来了几位医师。他们没有问你是谁，也没问带钱没有，而是迅速组织抢救。

父亲和母亲坐在一旁，看着一些军人忙碌着。他们从这些军人的脸上，看到焦虑、思索、紧张和汗水。

他们没有料到，这垂死的孩子，竟惊动了整座医院！

吴天祥终于被抢救脱险。一条命，让解放军捡回来了。

医院没要一分钱。

父亲和母亲跪在解放军面前，感激涕零："孩子的命，是你们给的！你们是他的再生父母啊！"

军人把他们拉起来。

父亲非要知道医师姓甚名谁不可。他说要让孩子一辈子记住这位大恩大德的菩萨。

军人笑了："不，不是菩萨。我们是共产党，是共产党的军队，是共产党的军医。"

母亲说："那就永远记住共产党的救命之恩！"

这是 1946 年的事，正值钟祥解放前夕。被称为"大军"的人民解放军进驻县城，国民党军队闻风而逃。

在此之前，当地百姓不知道"大军"是干什么的，心想，天下乌鸦一般黑，和逃走的那些兵痞也许没什么两样。"大军"到来，县城顿时笼罩在紧张恐惧的气氛中。居民无不关门闭户，躲在门缝里看着队伍走过。

年复一年的兵荒马乱，老百姓实在是被兵连祸接的日子吓怕了。但这支救了吴天祥的队伍似乎对老百姓秋毫无犯。

在抱着孩子回家的路上，吴正兴看到这支队伍睡在了老百姓的屋檐下、大马路上。与以前那些军人抢老百姓的门板和床铺，形成鲜明对比。

回到家里，吴正兴和妻子打扫屋子，腾出了床铺，请街上的"大军"士兵上他们家去住。

他们说，他们家虽然窄小，但住几个人没问题。他们可以拆下门板打地铺。

"大军"微笑摆手，并没有去住。

一个军官模样的人说："等到解放了，你家住上宽敞的房子，再去。"

吴正兴感动不已。

他叫过吴天祥："记住没有，你的一条命是解放军给的。"

吴天祥似懂非懂。但他记住了父亲的话："共产党是你的救命恩人——你给我永远记住！"

"父亲说话的神情，我永生难忘。"吴天祥说，"要知道，这是一个眼睁睁地看着自己7个孩子在无助中死去的男人说出的肺腑之言。"

→ 善良源自困苦

★★★★★

钟祥解放时，吴天祥只有5岁。

只有品尝过"解放"的滋味，才感受到"解放"的分量。

刚刚记事的吴天祥，因常常跟在母亲身边，对"解放"的滋味约略知道一些。

在"解放"以前，"浆洗衣裳"可以说是吴天祥母亲多年的"职业"。不管是刮风下雨，还是滴水成冰，母亲都得拎着一大筐衣服下河去洗。

为了赚钱贴补家用，母亲常年得帮一些富裕点的街坊乡邻洗衣服。这虽然是一种粗活，但母亲的细致与踏实，却赢得了不少街坊的青睐。许多乡邻都愿意把自家的衣服交由母亲打理。

那时，县城里还没有自来水。洗衣只能在城边的小河里完成。到了冬天，河水结了冰。吴天祥常常蹲在小河边，目睹母亲用石头砸开冰层，把双手伸进那个冰窟窿里，一件件搓，一件件洗。

衣服洗完，他甚至能看见母亲的两手都是裂开的血印子。

在吴天祥的记忆里，母亲，始终是蹲在河畔的一尊弯腰的雕塑。

有年寒冬，吴天祥陪母亲到河边洗衣服，看见常年在河里游弋的鸭子被河水冻住不能动弹。

"鸭子怕冻吗？"蹲在岸边，被寒风吹得瑟瑟发抖的吴天祥问母亲：

母亲说："不怕。等到春天化冻，它就活过来；活过来的鸭子就变成野鸭飞走。"

看到母亲洗衣服从来就没怕过冻，吴天祥坚信母亲的说法。

是的，春天一到，它们就变成野鸭飞走，飞回温暖的地方。直到今天，吴天祥依然相信这个童话。

除了长年帮人洗衣，母亲还帮食品厂做月饼，帮别人家做汤圆。

虽然面对母亲做的月饼与汤圆没少流口水，但吴天祥却没吃过母亲做的月饼，也没吃过母亲做的汤圆。

吃过的，只是清洗磨槽的水，沉淀下的一点汤圆粉做成的小汤圆。那也是母亲自己省下来专供他一个人的美味。

俗话说，叫化子也有三天年过。即使是穷人家的孩子，对"过年"也有自己的期待和憧憬。

吴天祥记得，时令一进入腊月，他就喜欢和哥哥、姐姐一起，扳着指头数日子。

做梦都想过年。不是想红灯笼、压岁钱，而是想吃上肉，吃上几餐饱饭。

有一年大年三十，县城家家户户都响起了过年的鞭炮，母亲也开始在灶间忙碌着准备年饭。

就在吴天祥和哥哥、姐姐伸长脖子，期待父亲买回鞭炮时，没想到，债主登门了。

来人没有大声嚷嚷，就那么大模大样往屋子里一坐，一家人就知道

感恩是一种传统

是讨债来了。

母亲把孩子们赶到一边。低声恳求，千言万语，她说求求您过完年再说，行吗？

三个孩子听明白是这么一回事：吴天祥的祖父年前去世，借债买了一副"皮子棺材"，钱一直没有付完。

母亲再三低声下气地恳求，但债主始终没有松口，大有不还钱就不让你们过年的架式。

吴天祥心疼母亲。看到了母亲的眼泪，听见母亲低声的哭泣，他也心如刀割。

父亲回来，远远地看到家里有人，并不敢进家门，便绕到屋后躲了起来。

吴天祥至今还记得，面对母亲的哭泣，债主侧身斜眼怒对母亲的神情。

更过分的是，那人还不时冷冷地说："既然一副棺材也买不起，那就别死呀！"

"我当时就想，要是我是那债主，我一定不会这样做，一定让他们把年过完再来。"吴天祥说，"正是因为受过穷、遭过苦，我对人性才有了自己的感悟。"

他说，解放后，父亲被安排在县副食品商店，当上了一名营业员，母亲也有一份工作。一家人再不愁吃穿了，而且母亲不再侍候人，家人不再怕生病，我们也不再怕过年了。

→ 行善是一种传承

★★★★★

　　建国之初，善做蜡烛的外公手头有些积蓄，便买了一座共有 5 间房的房子。

　　吴天祥一家五口便搬了进去。对于一个三个孩子都尚幼的家庭来说，住起来显得十分宽敞。

　　一天，家里来了两个姐妹，有意想到吴天祥家借住。

　　两个老太婆一个曾经结过婚，一个一生没有结婚，没有亲戚朋友。

　　说起自己的苦难，姐妹俩同时一把鼻涕一把泪，看上去十分可怜。

　　了解她们的身世后，吴天祥的父母便答应让这两个无家可归的老人留下来，还腾出一间房让他们两人合住。但两姐妹性格怪异，住在一起天天吵架闹别扭。无奈之下，吴天祥一家只好再腾出一间房，让她们分开居住。

　　这一住就是 20 多年。从 50 年代初，到 70 年代她们分别去世，这两姐妹便一直住在吴天祥家。

　　她们没有固定职业，靠纺点棉花线或帮人推石磨磨灰面赚钱糊口。

她们又要吃饭，哪有房租钱呢？

有时，她们米也吃完了。姐妹俩面面相觑，互相埋怨，动不动就吵架。

遇到这个时候，吴天祥的母亲便从自家米缸里掏出几斤，让吴天祥送过去。

每当这个时候，两个老人都泪流满面，总是她们拉着吴天祥的手千恩万谢："好人哪！不收房钱，还送米，没见过这么好的人哪！"

两姐妹中，一个有严重的哮喘病。有时喘起来，接不上气，非常难受，就用手使劲地抓被子，几乎把一床被子抓烂。

有时父母没空，就让吴天祥送她上医院。

吴天祥和哥哥一起，将老人抬上家里的平板车，盖上被子后拖往医院。

十几岁的吴天祥在车前拉，哥哥在车后推。

"看，多懂事的娃儿！""多讲孝心的孩子！"从他家到医院有好几里地，沿途路人的夸奖和赞誉、医生的感动和表扬，让吴天祥弟兄俩感到无比的自豪。

特别是获得治疗后，病情大为好转的老人由衷地感恩，让他们找到了帮助别人的快乐……

两位老人终生无儿无女，也没有别的亲人、朋友。

她们虽然性格古怪，相互之间总是吵架，但出于感恩，她们对吴天祥及其家人都非常好，与吴家相处十分和睦。

至上世纪 70 年代，她们先后在吴家去世。

去世后，虽然她们没有任何积蓄，但吴天祥的父母却像对待自己的亲人一样，按照当地的习俗，安葬了她们，被当地传为佳话。

"你们这样做图个什么？"吴天祥说，他曾亲口问过父母。

"将心比心，能图什么？！"父亲想想后又补充说，"我知道没房子住的苦楚，所以我愿意让出房子给她们住。"

母亲说："做人要有良心。能帮别人一把，就要帮一把。见死不救，见穷不帮，那是没良心的人。"

……

→ 激励是成长的催化剂

★★★★★

人生的成长过程，实际上是一个智商与情商的开发过程。

在这个过程中，有的人靠智商开发好、指数高迅速取得成功，有的人则依赖情商的发展而逐步取得成功。

虽然中国是一个注重早期智商开发的国度，但吴天祥却属于情商发展较早的那种。

从小憨厚的吴天祥，读书时的学习成绩不是很好，还留过级，但在学校里，老师和同学都十分喜欢他，多次评他为"优秀少先队员"。

这种激励，使他的情商发育比同龄孩子要早许多。

地处大别山南麓的钟祥，属丘陵地带，是中部最负盛名的"长寿之乡"。

但这里除了山清水秀，人杰地灵之外，还是一个野狼出没之地。

　　吴天祥小的时候，这里的人信奉所谓"二郎菩萨"。为了驱走狼，就把泥塑的二郎菩萨放进庙里供奉着。说是只要烧香，就能感动菩萨，过上安宁的日子。

　　但烧香拜菩萨并没能驱走神出鬼没的狼群。

　　还在上小学的时候，吴天祥上山打柴，途经一户农家时，突然看见一只狼。

　　他战战兢兢地准备躬身逃跑时，却发现这只狼看见了门口玩耍的一个两三岁的女孩。

　　狼犹豫着悄悄向孩子逼近，眼睛发出绿荧荧的光。

　　在这千钧一发之际，一股热血直冲他的脑门，吴天祥来不及细想，手持镰刀快速向狼冲了过去……

　　猛然受到来自身后的惊吓，狼回头看了一眼手持镰刀的吴天祥，撒腿便逃。

吴天祥一阵猛追之后，停了下来。

孩子的家人看到这一幕后，惊喜万分，对吴天祥感激不已。

吴天祥心里很快乐。他没对同学讲，怕别人以为他吹牛。直到孩子的家长来到学校为吴天祥请功，老师和同学才了解这件事。

老师表扬道："这是勇敢的行为，英雄的行为！"

从此，因留过级而年龄偏大的吴天祥，成了同学们心目中的"英雄"。

"这种激励，对于一个成绩偏差而很少受表扬的小学生来说，特别受用。"吴天祥说，"受人尊重的感觉，培养了我一种在危急关头冲锋陷阵、舍我其谁的气概。"

有一次，他和几个伙伴到白门湖万夫闸一带捡野菜。

突然，一群在湖边打闹嬉戏的孩子发出喊声，"救命！有人掉湖里去了！救命啦。"

吴天祥和伙伴们，闻声都往湖边奔去。

赶到现场，吴天祥看到落水的小孩在挣扎：一会儿沉下，一会儿浮起。两手乱抓乱挠，嘴里咕噜噜吞水和吐水。

周围没有一个大人，站在湖边的孩子们都吓得脸色惨白，但个个束手无策。

吴天祥愣怔片刻，便果断脱掉自己的衣服。大家都屏住了呼吸，所有的眼睛都盯着他。

一个伙伴叫道："水很深，天祥！"

吴天祥没有理会，他果敢地跳入湖中，拼命朝在水中挣扎的少年游去……

也是落水少年命大。吴天祥本来比这落水者大不了几岁，但他生拉硬拽，一边游一边呛水，一边呛水一边游，终于拽着落水少年游到了湖边。在岸上伙伴七手八脚的帮助下，吴天祥把人救上岸来。

当天夜间，一对夫妇来敲吴天祥家的门。

"您家有个学生叫吴天祥吗？"被救少年的家长站在门口大声问，那兴奋劲儿就像来找茬的。

父亲以为吴天祥在外惹了事，被同学家长找上门来。

"天祥，你给我出来！"父亲大吼一声。

吴天祥摸头不知脑地从自己房里走出来，还没搞清是怎么回事，就被父亲一巴掌打在脑门上。

"给我跪下！"父亲仍然气不打一处来。

被救孩子的家长一把拉着吴天祥，急急忙忙向他的父亲说了吴天祥救人的事。

"小事！应该的。"父亲笑了起来，回头对吴天祥说，"错怪你了！"

来人揭开竹篮上的盖布，拿出登门感谢的礼品：10个鸡蛋，5斤挂面。

这是当地人最隆重的谢礼。

也许是因为事先错怪儿子的缘故，父亲破天荒地收下了这份谢礼。

这是吴天祥获得的最珍贵的奖赏。

感恩是一种尊重

"在中学时代，吴天祥的学习成绩不是最好的，但肯定是最受同学尊重的。"说起自己的初中同学吴天祥，年近古稀的山东省烟台市技术监督局退休干部苟其平如数家珍：吴天祥思想觉悟高，为人憨厚朴实，从小就乐善好施，长期助人为乐……

⊙→ 享受被尊敬的快乐

★★★★★

苟其平还清晰地记得，自己初中时的一篇作文写的就是吴天祥。

有一次，教语文的陈老师出了一道作文题，题目是《我最尊敬的人》。

"你可以写革命英雄人物，可以写自己的父母亲友，可以写某一位老师。"陈老师向同学们提示说，"你觉得谁值得你尊敬，你就把他写出来。"

作文要求：具有真情实感，不准虚构。

上世纪 60 年代，中国是一个崇拜英雄、崇尚先进典型的社会。在那个英雄辈出的时代，对一个中学生而言，要找到一个最受尊敬的形象，可以说比比皆是。

从小学到初中的每一本语文教科书上，都能找到那个时代的英雄人物和先进典型。

这个作文题，应该说并不是很难。

同学们交卷后，老师演读范文时，选择了苟其平写的那篇。

他写道："我最尊敬的人，有许多许多。在这些令我尊敬的人中，有一位平凡的英雄就生活在我们班集体之中，他就是团支书吴天祥。"

苟其平在作文里记述的，其实是一件全校师生都知道的事。学校因此还在全校表扬了吴天祥。

每个同学都知道这件事情的来龙去脉。

就在前些时，钟祥十字湖农场有位农民因公严重烧伤，被送到县城医院抢救。

在抢救的过程，几度出现休克的状况，生命危在旦夕，需要紧急输血。

那时，县医院没有血库，一时很难找到合适的输血者。

于是，医院向县一中求助。学校号召全体同学自愿报名献血，救助这位因公负伤的农民伯伯。

吴天祥和不少同学赶到医院，挽起袖子排队验血。

结果出来，吴天祥的血型刚好与受伤者的相符。

吴天祥毫不犹豫伸出了自己的胳膊……

那是吴天祥生平第一次献血。

看到针头扎进脉管，暗红的血液汩汩流出，吴天祥只觉得两腿发软，头也有些晕眩。

那时，国家处于自然灾害、粮食困难时期，平时很多人连饭也吃不饱，输血是一件对输血者身体伤害很大的事情，一般人都不愿意做。

正处于生长发育阶段的吴天祥，为了挽救一个与自己素昧平生的农民伯伯，毫不迟疑地输血，被学校传为佳话。

苟其平同学在作文中写道：这是什么精神？这是共产主义精神！这是什么行动？这是革命青年的高尚行动！这是什么结果？这是毛泽东思想哺育的结果……

1996 年，苟其平在写给吴天祥的信中，再次提起这件往事，依旧对这位老同学充满了敬意。

➡ "带头是我的权利"

★★★★★

1962 年，18 岁的吴天祥从钟祥县一中初中部毕业后，没能考取高中。

苟其平至今还记得，吴天祥曾对他说过："虽说你考取了高中，我没考取，但我们都可以为人民做贡献。"

他说，一个初中生，说出这么"先进"的话，当时有些令人不解；三十多年后，他理解了初中时代的吴天祥的这种"先进"思想，确实发自他自己的心灵深处。

他说，作为初中部的团支部书记，吴天祥在班上做什么都带头干。

当时，学校尚未通电，教室里点煤气灯。每天点灯的活儿，是吴天祥承包了。

学校组织同学们上山砍柴。多数同学一般扛回六十多斤，吴天祥却咬紧牙关在次扛回一百多斤，还比别人多跑几趟。

学校放假，但几亩长满庄稼的校田，却不能不管。

那密密的玉米林，丰收在望的南瓜地，爬满田垄的红苕藤……都可能被盗，或被山猪糟蹋。

"谁来保护它？"老师问。

同学们面面相觑的时候，吴天祥一言不发地举起手。他表示自己要带头保护。

他说："我是团支部书记，带头是我的权利。"

学校放假后，吴天祥在校田里搭了个棚子，独自一人住下来，承担起守护校田的重任。

校田并不靠近学校，处在一处满是坟堆的荒郊野岭，周围几十里地看不到人烟，而且夜里常常风声鹤唳。

每到日头落山，夜幕四合，吴天祥只好躲进他的茅草棚里。夜间，即使吓得瑟瑟直抖，但只要校田里稍有风吹草动，吴天祥便爬起来，拎着昏黄的马灯，到田间察看……

吴天祥守护校田的事，很快在学校传开，同学们纷纷表示要向他学习。

初中二年级，吴天祥加入中国共产主义青年团。

次日，他立即写出入党申请书。

吴天祥初中时期的科任老师陈福英、吴家椿、廖发清等，在他成名之后，仍然对这个踏实、憨厚、勇敢的少年记忆犹新。

他们记得那个穿着朴实、一脸憨实、说话慢声细语的学生；记得吴天祥热心助人、不求回报的许多感人的细枝末节。

→ "我要做农民"

★★★★★

初中毕业，没考上高中，吴天祥其实有两个现成的选择。一是到县副食品商店当营业员，一是到县水产公司工作。

当营业员是他父亲的主张，到水产公司是他姐姐的安排。

在县城，这是两个不错的职业。铁饭碗，旱涝保收，不用晒太阳不用淋雨，是好多人做梦都想的去处。

按照当时的惯例，像吴天祥这种拥有"城镇户口"的青年，只要一毕业，政府就会安排就业。因此，很多人为了这一纸被称为"吃商品粮"的"城镇户口"而"走关系""开后门"。

除非是傻子，很少有人主动放弃这个"城镇户口"。因为有了"城镇户口"，不仅意味着有了工作，有了粮油供应，而且你的子孙后代都将沿袭这种"优待"或者"特权"。

其中一个举足轻重的"优待"是：仅仅因为你拥有一个"城镇户口"，姑娘们就会不顾其他条件，自告奋勇嫁给你。

然而，吴天祥却打算当一回"傻子"。

他要放弃"城镇户口"。

他要到农村去锻炼。

"我要当个农民。"

"为什么这样做？"

"因为，这是党的号召。"

当年，党向全国号召大办农业、大办粮食，作为一名团支书，吴天祥觉得他有义务积极响应，带个好头。

他是全县唯一放弃"城镇户口"，自愿下乡劳动的初中毕业生。

吴天祥说："当时我还真不是心血来潮，也不是和谁赌气。"

他说，党号召大办粮食，只有农村的田野上才生长粮食。哪怕他只生产一颗粮食，也是对社会做了有意义的事。那时，他的想法很朴实：留在县城里，只是多吃一颗粮，不是多打一颗粮。

吴天祥义无反顾地从家里取出户口簿，一个人悄悄地到县公安局"下户口"。

民警问道："迁往哪里？"

他说："十字湖农场。"

民警不放心地看着吴天祥："谁让你迁到农场去？"

"我自己。"

"你知道十字湖农场离县城多远吗？"

吴天祥点头。他想起了那个被烧伤的农民。

民警打量面前的这个少年，严肃地问："15 岁？"

"快 18 啦。"

民警说："不行，户口是大事，不能随便办理。要办，让你父亲来办。"

让父亲来办? 父亲会同意吗?

回到家里，吴天祥惴惴不安地把自己的想法告诉父亲。

为了说服父亲，他把自己在学校写的"决心书"和"申请"，一一拿给父亲看。

儿子响应党的号召，他能不同意吗? 没有党，就没有他们一家人。党叫干什么，你就干什么。但是，毕竟儿子尚小，又缺乏独立生活经验，不忍心把他一个人丢出去。

第三天早晨，父亲来到吴天祥睡觉的屋子。没有跟他说一句话，只是不声不响地递给他二十元钱，转过身自己上班去了。

醒悟过来的吴天祥，兴奋地从床上跳了起来，激动不已。

他知道，父亲已经表态，支持他的选择。

是的，父亲同意孩子闯一闯，哪怕是到偏僻的农村去耕田种地。

既然是响应党号召，那就没错。

父亲说："党号召你拉牛尾巴，你就要马上去拉牛尾巴。"

"拉牛尾巴"，是当地对耕田种地的形象说法。比如县城人称呼农村人，就说是"拉牛尾巴"的。

母亲知道后，放声大哭，坚决不同意吴天祥放弃"城镇户口"。

她强烈反对儿子的荒唐做法："你要去拉牛尾巴，我就死给你看！"

　　但母亲的反对似乎太晚了。她知道这一情况时，吴天祥已和父亲一道去县公安局办理了户口迁移证明。

　　生米已煮成熟饭，既成的事实已不可更改。

　　慈母看自己用眼泪无法改变儿子的决定，便动员哥哥、姐姐和亲戚朋友来家里劝阻吴天祥。

　　从小就以"死心眼""犟脾气"而出名的吴天祥，谁的话也听不进。

　　就这样，吴天祥背起被窝儿、脸盆、碗筷、水桶等等，义无反顾地走向了十字湖农场。

　　那是一个傍晚，走五六里地，才能到达码头。他将在这里上船远行。

　　一个同学帮他扛着部分行李，恋恋不舍地送他上船。

　　两个少年，觉得那个场面特别诗意，特别悲壮。

　　他们一路喘吁吁地走着，听得见激烈的心跳。

　　人生就是这样开始，才跨出校门，你就勇敢而孤独地、不知深浅地踏上社会大船……

→ 做好事不是为了名利

☆☆☆☆☆

　　在农场，吴天祥住在一间临时土坯房里。

没有床，他用泥砖砌了一个。泥砖上铺一层麻秆，再铺被窝儿。床上没有蚊帐，他从家里带了蚊帐来，但送给别人了，因为别人也没有蚊帐。这里蚊子猖獗，让你整宵整宿不得安宁。

农场的泥泞路，自然比县城的街道更能磨损鞋子。一双鞋，穿不了几天就掉了线脱了底。劳动时，一些来自武汉的知青，动不动就破了鞋。鞋破了，脚板踩在石子上，他们便大惊小怪，大呼小叫。

吴天祥不多说，当场脱下自己的鞋，让知青穿上。他自个儿赤着脚，好像他的脚不是肉长的。

其实，他的脚也被硌得生疼，疼得钻心，不过他从不叫嚷。

他说没什么好叫嚷的。

在农场，不仅仅是春种秋收、除草施肥的活儿，另有不少受累吃苦的工作，也需要大伙儿一起去干。

比如到漳集大山区运木料。

运木料不用车，因为没有行车的路，而是用肩扛，让上百斤的木料压在肩膀上。

冬天，山区银装素裹，羊肠小道也被雪覆盖了。扛着巨大的木头，一步一个雪窝，一步一喘。有十几里山路，这十几里仿佛永远走不到尽头。

青年队长吴天祥，不用说需要吃苦在前，扛最重的。不但自己扛，还要照应前后，时不时放下自己肩上的，去帮别人扛一段。

往往一扛就是几天。

天天早出晚归，一趟趟穿行在密林里。

天天腰酸背痛。肩膀首先发红发烫，然后破了皮，血迹把衣服都粘住了。

有一天，农场的上级、丰洛区委书记仁明忠来看望这些城里来的知识青年。

书记一眼就看见吴天祥穿着一双有裂口的鞋。

书记说：“小吴，把鞋脱给我看看！”

吴天祥不明就里，不脱。

仁书记说:"我在区里多次听说你把鞋、把蚊帐都送给了困难的同志,今天一见,果然。"

"书记要看看,你脱下吧。"旁人也让吴天祥脱鞋。

吴天祥蹲下,想脱掉他的鞋。

鞋脱不掉了。鞋仿佛已经与脚连成了一体。

吴天祥好容易脱下鞋,痛得他额上冷汗直冒。书记看见,吴天祥的脚上全是血泡,全是伤痕,又红又肿。

这是扛木头扛出来的。

书记不忍细看,没说什么就走了。

次日,区委仁书记让自己的爱人杨嫂,给吴天祥送来一双崭新的解放鞋。

杨嫂说:"老仁回家说起小吴,就哭了起来。他说这真是个好青年,我们区委要好好培养这样踏实肯干的好青年。"

区委仁书记要"好好培养"吴天祥的计划却没有实现。

区委仁书记和十字湖农场张书记经过协商,决定把吴天祥调到区里,让他担任团委书记。

两位书记都认为,与其提拔那些会说不会干的,不如重用吴天祥这种只会干不会说的。一个带头吃苦、助人为乐的人,他无声的行动就是有声的号召。

但"死心眼"的吴天祥拒绝了这次"当干部"的机会。

他说自己口笨舌拙,文化底子又浅,干不了这个活,胜任不了这个工作。

再说,如果自己下乡一年多就当上干部,不再和农民们一起泥里水里泡,人们会说他自愿务农是为了当官,为了图名图利。

年轻人的脸憋得通红:"我真的不是要图名图利。你们一定要相信我呀。"

区领导无言以答。

对这个不想当干部的年轻人,区领导没有勉强。

乐善是一种习惯

☆☆☆☆☆

1963 年春，农场传达了中央文件，号召适龄青年入伍当兵。

当时全国刚刚度过大饥荒，全国人民的日子仍然十分艰难。蒋介石自从被赶到台湾孤岛后，不大甘心，念念不忘"沦陷"的大陆。这会儿，国民党政权觉得时机已经成熟,便嚷嚷着'反攻大陆""收回失地""光复华夏"。

党中央登高一呼，全国军民立即团结在"解放台湾、统一祖国"的旗帜下。

吴天祥主动报名参军。

这个穷人的后代，发誓要端起枪来保卫祖国。

他一带头，农场里几乎每一个身强力壮的小伙子都紧跟着报了名。

检查身体、政治审查、组织鉴定，几天之间都办好了。

这年 3 月，吴天祥被批准入伍。

吴天祥家里不大赞成他去当兵。他是最小的孩子，也是最懂事理的孩子，父母希望他留在身边工作、生活。

一如他坚持到农场做农民一样，他的倔强再次"说服"了父母。他把他在农场的全部家当，全都送给了那些相处一年多的伙伴们。

连一只脸盆也没带回家。

感恩是一种尊重

他看谁缺什么，就把什么周济给别人。

一床被褥一只碗，几双筷子，几件衣服，虽不是价值连城的东西，在那个人人生活都不充裕的年代，却使吴天祥显得格外大方。

他送出自己的全部家当，只要别人需要的，他就毫不犹豫地送。

吴天祥两手空空回到了家。

他说："爸，妈，我明天就要走了。"

父母不发一言，恋恋不舍地打量着儿子。

他说："到了部队，我就寄一张相片回来。"

"不能过年后再走？"父亲舍不得他离开。

吴天祥说："首长让我们到部队过年。"

母亲噙着泪说："当兵要打仗的呀……"

吴天祥说："不打仗，当兵干什么？还不如拉牛尾巴呢。"

感恩是一种收获

1963 年 3 月，吴天祥来到河南省，当上了一名光荣解放军的战士。

"6 年的军旅生涯，是我的人生走向成熟的关键时期。"吴天祥说，在军营里，他不仅深化了思想，学习了文化，更学会了向先进人物学习的方法，也让懂得了"感恩不仅仅是一种付出"。

→ "愧对谁也不能愧对救命恩人"

★★★★★

就在吴天祥入伍的当月，毛泽东主席向全国发出号召："向雷锋同志学习。"

刚刚穿上军装的吴天祥，正赶上轰轰烈烈地学习雷锋的运动。

他抽空跑到当地的一家照相馆，照了一张着军装的照片寄给父母，并欣喜地告诉家人，自己入伍 3 天就当上了新兵连的团支部书记。

"解放军是我的救命恩人，这一点儿子永远都记得。"他在第一封家信中表示，一定好好向雷锋同志学习，做毛主席的好战士，为父母争光，为恩人解放军争光。

回到军营，他一遍又一遍读雷锋的书，并立下志愿，要带头做像雷锋那样有益于人民的人。

晚上，响过熄灯号。吴天祥睡不着，就悄悄爬起，帮战友们洗衣服。

有个战友突患积水性脑膜炎。吴天祥把他背往医院。首长问谁愿意守护他，吴天祥自告奋勇，一连守护三个昼夜。

节假日里，一些湖北籍老乡互相走动，串门访友。

总是找不到吴天祥的影子。

原来，吴天祥到了驻地农民家，捡起扁担去挑水，操起锄把去种地，忙得不亦乐乎。

村里有个孤寡老人，病在床上无人过问，吴天祥立即背她去了医院。当时每月津贴六元，全给老人买了药。

老乡们并不知道吴天祥在干什么。

有点怪罪吴天祥，觉得他太孤僻，不大合群。

后来有了聚会，也不通知他。

驻地附近有两所学校。

一是明港小学，二是明港中学。

一天，一个军人给学校送去800本《为人民服务》和《毛主席著作选读》，书放在传达室，军人就悄然离去了。

学校把这些书发给同学们，并组织同学们写"感谢信"。

写了三百多封感谢信。

称呼完全一致：不知名的解放军叔叔。

这些感谢信被敲锣打鼓送到部队。

首长说："查字迹！"

查了全团，又查全师。总算查出"不知名的解放军叔叔"名叫吴天祥。

首长有点"生气"："学雷锋，做好事，为什么隐瞒不报？"

吴天祥说："好事是应该做的，不报是害怕受表扬……"

"既要政治优良，还要军事过硬。"这是首长对新兵连的要求。

新兵连里，天天进行射击、投弹、单杠等军事基本功的训练。

这一关通不过，你就不是合格的战士。

吴天祥对这些训练科目都很陌生。就连立正、稍息也需从头学起。

别说真枪实弹地射击；就是真正的枪，他也没摸过。

但他能吃苦。脑子里总在琢磨这些事。

为了苦练本领，他自愿延长训练时间。每逢休息时间，他虚心向老兵请教。教官和老兵说什么，他一句句默记在心。

要评定训练成绩了。

吴天祥端枪瞄准，推弹上膛，一阵枪声响过，他被评为"特等射手"。

投弹也不容易。

有的新兵臂力欠弱，一弹投出，常常难以及格。

吴天祥却投出四十多米。

他的单杠成绩也不赖。

也许姿势并不优美，但他一口气做出了一串连续动作，让围观的战友们拍手叫好。

新兵训练圆满结束后，师长在新兵营表彰大会上果然表扬了吴天祥，并命名吴天祥是全师"学雷锋的标兵"。

团机关到新兵中挑选新苗，吴天祥理所当然地成了首选。

就这样，吴天祥和另一位姓冀的战友被送到团机关工作，后被分配到修械所工作。

在修械所，需要掌握良好的军械技术和射击技术，不然就没法校正哪枪械，就连哪支枪好哪支枪不好也难分出来。

说到底是个技术活儿，吴天祥丝毫不敢马虎。

钻研技术、学习业务，都是全心全意。

他或许并不特别机灵，技术上的事不能一点即通。但他态度诚恳，依然像练射击那样"笨鸟先飞"，比一般战士花费了更多的时间和精力，因此很快也能熟能生巧，成竹在胸。

果然，一段时间以后，全团只要是经他校正过的枪，就是一支无可挑剔的好枪。

→ 收获源自感恩

☆☆☆☆☆

1964年5月16日，吴天祥在鲜艳的党旗下庄严宣誓。他是那一批战士中第一个入党的。

他成了一名光荣的共产党员。成了党的一员，吴天祥觉得他走进了为人类理想而奋斗的队伍。对自己要求更严格、更苛刻。

他时时提醒自己，要像雷锋那样，工作上、学习上向高标准看齐，生活上、待遇上向低标准看齐。

入党后，吴天祥不但精神充实，干活卖力，好事也愈做愈多。

好事在眼前，抢着做；不在眼前，寻找机会去做。

节假日里，吴天祥背起工具箱下到基层连队，到营房挨个儿战友问："你的枪好使吗？"

常常，一天的休息时间，他都在帮战友检查、校正枪械。

过春节，本来可以请假回乡探亲。

他没有。他也想家，想父母，想兄妹。但每次起念回家，都又觉得路途遥远，既耽误工作，又耗费钱财。

从 1963 年入伍，直到 1969 年复员，吴天祥没探一次亲。他把浓浓的思念写在家信里。

父母几乎每封信都要询问他的探亲日期，但吴天祥总是避而不谈。

他寄回家的都是奖状和荣誉。他时常说，部队给了我这么多荣誉，我要时时处处感谢党，报恩党。

吴天祥当兵 6 年，连续 6 年被评为"五好战士"，并两次立功。

1965 年，他被评为"王杰式的战士"；1966 年，又被评为全国"先代会"代表。

6 年间，他 8 次出席全军和武汉军区"学毛主席著作的积极分子"代表大会。有一次，在武汉军区表彰大会上，他作为三十名标兵之一，吴天祥登台介绍经验，受到了司令员陈再道、政委王任重等首长亲切接见，并一起合影留念。

父母得知儿子的这些喜讯，高兴得逢人就说，逢人就把信和奖状拿出来让人欣赏，也不再计较儿子是不是回家探亲。心想，把儿子交给部队，交给党，一百个放心。

→ 从战士到警察

★★★★★

1969 年 4 月，吴天祥的名字出现在退伍名单上。

部队发了 400 元复员安置费。那时的 400 元不是个小数目。但当他听说湖北洪湖老区发生水灾，许多灾民无家可归时，便立刻把复员费全数寄给灾区，甚至没留下退伍返乡的路费。

直到吴天祥离开部队之后，灾区代表寻访到部队，才知道钱是吴天祥寄的。

部队推荐吴天祥到武汉工作。

师政治部同时还给他的家乡钟祥县写去专函，恳请地方政府对他"特殊照顾"、"特殊安排"。

最后，吴天祥选择了到武汉市公安局东湖派出所当民警。

他没急着离开部队。他留恋部队的生活，留恋做军人的感觉，他决定在部队义务站岗。

从晚上 9 时开始，一直站岗到天亮。

他没回家休息。本来，在复员后有一个多月休息时间。

帽徽领章都已上交，他以复员军人的身份站岗，一站就是十多天，眼睛都熬红了。

上级首长得到消息后，非常振奋。一天夜里，团政委来哨位，亲切看望了吴天祥。

这位姓吕的政委，紧紧握住吴天祥的手："你是个好兵！到地方后，你要保持部队的好传统，一生一世为人民服务！"

吴天祥紧紧地握着政委的手，使劲地点点头……

感恩是一种责任

1996 年，江泽民在"七一"座谈会讲话中，称赞吴天祥等先进人物是"深受人民爱戴的优秀干部"；胡锦涛称赞吴天祥是"基层党员干部的榜样"；当地老百姓更是有口皆碑，无不夸赞他是"党的好干部""人民的好儿子"……

这年 11 月，吴天祥从武昌区信访办副主任的岗位出任武昌区人民政府副区长，走上了领导岗位。

名声大了，职位高了，他的感恩之心也更强了。

"金杯银杯，不如群众的口碑。"每次采访吴天祥，他总向记者面露惭愧之色，"我只是做了一些自己应该做的小事，党和人民给了我至高无上的荣誉，我就是穷尽自己的生命做好事也无以为报。"

→ 善良是最好的履责

★★★★★

从区信访办副主任到区政府副区长，吴天祥面临的是新的任务、新的责任，扮演的是全新的角色。

在外人看来，这对长期在基层工作的吴天祥来说，莫过于前所未有的挑战。

但他心中有数："万变不离其宗"——无论在什么岗位，本着一颗善良之心做人处事，就没有履行不了的职责。

区政府分工，吴天祥分管信访、民政、劳动、司法、社区建设、文明创建、民兵征兵、军民共建、老龄、残联工作和联系工、青、妇工作。

人尽其才。政府让他分管的这十多项工作，都是和群众联系很紧密的。由于长期和群众的密切联系，吴天祥开展工作有很大的优势。

这些工作中，难度最大的是安置下岗职工再就业，吴天祥把它作为重中之重。

吴天祥担任副区长不久，就作为"全国优秀共产党员"，被选送到中央党校地厅级领导干部进修班学习。

他带着问题学理论，对安置下岗职工再就业进行了理性思考：安置全区下岗职工，仅像在信访办时那样为上访的下岗职工寻找工作岗位，是远远不够的，而是要化被动待业为主动寻业，化单一就业为积极创业，找到多种有发展前景的就业门路，为更多的下岗职工再就业提供机会和场所。

他深刻认识到下岗职工再就业的重大意义，这不仅解决了他们的生计问题，还有利于保持社会稳定，有利于建设和谐的社会，而且，通过他们的创业，还能拓宽更多人就业的渠道，促进社会经济的繁荣与发展。

在过去的信访工作中，城市小商小贩，是吴天祥接触最多的群体之一。

在这一群体中，集中了一批文化水平不高，谋生手段欠缺的人员。他认为对他们而言，集贸市场，天地广阔。

吴天祥向区里提出的安置部分下岗职工到集贸市场做生意的建议，很快得到了区委区政府领导的认可。

从中央党校学习回来后，吴天祥就带领劳动、工商部门的同志一起，围绕"下岗职工再就业"问题，进行了专题调研。

他们深入到武昌放鹰台、水陆街等 4 个集贸市场和蔬菜批发市场调查研究，了解市场与经营行情。

他们来到居民小区，走进下岗职工家中，与他们交心谈心，了解下岗职工的心态与诉求。

经过调研，吴天祥撰写了《再就业难，难在哪里》的调研报告，深刻分析了再就业难的主、客观原因。

再就业难，难在长期以来旧的企业模式的积累，随着体制转型、结构升级和经济增长方式的转变，导致下岗人数越来越多。

再就业难，难在多数人尚未从传统就业观念中跳出来，"无风险就业"体制养成的就业心理和择业观念根深蒂固，下岗职工离岗容易离厂难，难以割舍"国企"身份及相应的名存实亡的体制性保障。

再就业难，难在旧的就业体制缺乏竞争上岗的压力，不存在优胜劣汰机制，造成了综合素质低的就业者，面对新的就业竞争，缺乏竞争优势。

再就业难，难在劳动力市场发展慢、层次低，市场容量小，成交率低，不能满足供求双方要求。

再就业难，难在再就业资金短缺。

武汉市委办公厅转发了这份报告。

同时，吴天祥还起草了《集贸市场就业是安排下岗职工的办法》《关于下岗职工经营蔬菜的建议》的调查报告。

在吴天祥的组织指导下，武昌区工商、劳动部门召开专题会议，制定了扶持下岗职工到集贸市场再就业的优惠政策。仅 10 个月，全区就安排了 3000 多名下岗职工到集贸市场就业。就此，市里在武昌召开了现场经验交流会，大力推广这一经验。

⟶ "像抗洪那样当公仆"

☆ ☆ ☆ ☆ ☆

1998 年夏，长江发生了历史罕见的特大洪水。

这年，长江汛期来得早，洪水涨得猛。武汉关从 25 米设防水位到 26.30 米警戒水位，只用了 39 个小时，是有水文记录以来最短的一次。

这年 7 月 4 日，武汉关水位达到 28.04 米。

百年一遇的长江洪水，考验着长江大堤，也考验着守堤人。

地处长江南岸的武昌区，在三峡工程全面建成以前，城区防汛为历来工作的重中之重。根据湖北省和武汉市防汛紧急会议的部署，武汉城区各机关干部 7 月 5 日开始开赴防汛一线，组织领导防汛工作。

吴天祥和其他机关干部一样，不仅要担负区防汛指挥部三天一次的通宵值班任务，还要在责任区坐镇指挥。

吴天祥的责任区，是紫阳街分防的近 2000 米的堤段。这里，地势险要，素有"武昌第一哨"之称的解放闸，更是责任区内的险段。

7 月 21、22 日，武汉连续两天遭到特大暴雨袭击，江城渍水成灾，许多居民家中被淹。

外洪内涝，形势严峻。

21日凌晨5时，吴天祥冒着倾盆大雨，赶到粮道街紫金村。只见这里已是一片汪洋，400多居民被困泽国。

然而，暴雨仍一个劲儿地下个不停，渍水迅猛上涨……

想百姓之所想，急百姓之所急。似乎没来得及多想，"救人为先"仿佛在一瞬间就形成了决议。吴天祥同街道干部一起，淌着齐腰深的渍水，大家一致决定先将一些行动不便的老人、小孩、残疾人从水中背到安全地带。

来到79岁的孤寡老人曹子香家，只见老人站在一张桌子上，渍水已没过他的膝盖，浑身打颤。吴天祥迅速淌过去将老人背出来。

老人拉着吴天祥的手，十分感动地说："你要是迟来一步，我就见阎王了，你是我的救命恩人！"

一趟又一趟，吴天祥先后背出了13人。并让工作人员用小车一一将他们送到区福利院。

这一天在雨里水里折腾下来，吴天祥感到头昏眼花。晚上回到家，一量体温，高烧39.5℃。

第二天清晨，吴天祥起床后，感到头发昏，走起路来头重脚轻。但暴雨仍在下，他不能躺倒。

他先来到责任堤段巡查。接着，又赶到全市渍水面积最大、积水最深的梅苑小区，带领大家慰问受灾居民，将食品和蔬菜送到被水围困的居民家中，帮助他们转移财物。

连续几天，吴天祥都泡在齐腰深的渍水里，转移群众和财物，为困在水中的居民送去生活必需品。尽管有的地方渍水又脏又臭，尽管他的脚被玻璃划破了，但他坚持不下"水线"。

洪峰接踵而来，持续不退。滔滔洪水，滚滚恶浪，挑战着防汛大军的斗志。"宁可牺牲自己，也要死保大堤！"吴天祥在日记中写道。

入汛以来，不知有多少个不眠之夜，吴天祥每天都坚持巡视、坚守、战斗在大堤上。脸晒黑了，人累瘦了，但他始终没有退缩。

8月6日，武汉关水位 29.09 米。湖北省发布命令，全省进入防汛紧急期！这天早上，吴天祥巡堤查险下来，已是一夜未合眼，感到全身发烫，非常疲劳，为了不倒下，才去医院打了退烧针。

接着，晚上他又坚持参加全区的巡查，凌晨 3 点才回到家，全身软得不想动，但想到责任段上的几个闸口有漏水现象，放心不下，便用冷水淋淋头，骑上自行车，把 2000 米堤段上的 6 个闸口，一个一个地检查了一遍，直到天已大亮……

领导和身边的同志都要他回家休息，心疼地劝他："老吴啊，就算不为自己，但为了搞好工作，为了战胜可能更大的洪水，你也要注意保重身体啊！"

但是，值此洪魔当前，危急之秋，吴天祥又怎能安心在家静养呢？

为了打通防汛通道，国棉四厂仓库的 1000 多捆布需要装车转运。每捆布 200 多斤，吴天祥和工人一样扛包。工人们说："我们流了多少汗，吴区长也流了多少汗。有吴区长和我们在一起，我们就有使不完的劲儿！"

每天凌晨三、四点，是防汛守堤人员最难熬的时候。紫阳堤防段上的守堤人员，总会在这时见到骑车巡堤的吴天祥。他们请区长放心："我们不会打瞌睡！"

8月9日，武汉关水位 29.37 米。为了迎战即将到汉的第 4 次洪峰，各闸口都要在当晚加高近 1 米。这又是一场恶战！

"水位再高，没有我们战胜洪水的斗志高！"吴天祥在当天日记中写道。他同大家一起，挑灯夜战，装运沙土，一夜下来，成了泥人。

8月17日，第六次洪峰直逼武汉，防汛进入决战的关键时刻。

吴天祥对紫阳街办事处的同志们说："为了确保大堤的安全，我们在最危险的解放闸口立一个'生死牌'。"

"好！"街办事处干部一致赞成。

"把我的名字写在第一个！"吴天祥的态度十分坚决。

"第二个是我！"街工委书记说。

"第三个是我！"街办事处主任说。

就这样，和他并肩战斗在防洪一线的机关干部，个个将自己的名字列进了"生死牌"……

"严防死守，誓与大堤共存亡！"吴天祥说，"我和大家一起立了'生死牌'，以后就是同生死共患难的同志。"他说："这是对大家的信任，也是一种勉励。"

哪里有险情，哪里就会有同志们的身影。

正是由于有了像吴天祥这样千千万万个党员干部的身体力行，万众一心，众志成城，筑起一道道"冲不垮的堤坝"，才能夺取抗洪抢险伟大斗争的全面胜利。

防汛抗洪胜利结束后，吴天祥在报上发表了《像抗洪那样当公仆》的倡议。

吴天祥说："让我们在这次抗洪斗争中洗刷掉的官气变成深入群众、关心群众、为群众解忧排难的'民气'；把在抗洪斗争中洗刷掉的暮气变成苦干、实干、誓把自己分管的工作争创一流的志气；把在抗洪斗争中洗刷掉的惰气变成勤政、廉政、艰苦创业的骨气。"

吴天祥呼吁:"我们党的各级干部更要带头发扬抗洪精神,让在这次抗洪斗争中形成的党的强大凝聚力和干群之间的紧密血肉关系不断升华,不断发展。"

→ 用心维护百姓利益

★★★★★

将心比心,与人为善。吴天祥深深懂得,作为一名政府干部,以经济建设为中心,践行科学发展观,为地方经济的发展服务至关重要。但发展经济不是目的,是手段,注意维护群众利益才是为官之本。

地处徐家棚月亮湾的武汉亚东水泥有限公司,是一家台资企业。他们在发展中,就与附近地区的群众发生了一些矛盾。

这家企业地处武昌区和洪山区两个区的"插花地",周围居民大多是武昌区所属的柳村村民。

2000 年 12 月 8 日,轻装水泥车间开机生产时,遭到村民的阻拦。

村民们以这个企业污染大、有噪声为由,要求给每户补偿 2000 元,并将门口的一条道路修好,然后才准开业。

吴天祥接到相关报告后,当天下午赶到现场组织协调，专门召开了有台办、环保、派出所、村委会等方面参加的协调会，讲明了道理，分清了责任。

但会议刚结束，数十名村民冲进企业，强行拉闸停电，阻挠开工。

两天过去了，双方仍处于僵持状态。

12月10日，天下着大雨。吴天祥冒雨乘公共汽车来到这里。他直接深入到柳村村民中间，和他们交心谈心，了解他们的真实想法。

对部分村民的过激行为，吴天祥提出了严肃批评，同时，希望全体村民能顾全大局，为企业的发展提供良好的环境。

村民们也纷纷向吴天祥掏了心里话，百姓认为水泥企业环保问题突出，日后会严重影响他们的生活，同时也承认了采取这种过激行为阻挠企业开工是错误的。

随后，吴天祥深入企业，与企业领导层交心谈心，希望企业不要侵害群众利益，按政策落实好群众的合理要求。

在吴天祥的指示下，环保部门指导和帮助企业按环保法要求治理好了污染。

在吴天祥的协调下，企业及时帮村里修好了道路。

既优化企业发展的环境，又维护好群众的利益，在经济发展和人民利益的天平两端，吴天祥用自己的智慧和汗水努力使之平衡，使矛盾得到圆满解决。

柳村87户居民给吴天祥送来一面锦旗："为群众办好事，是人民好公仆。"

在此基础上，吴天祥广泛听取一些群众包括部分人大代表、政协委员和民营企业负责人，对改善全区投资环境、加大招商引资力度的意见和建议，进行了归纳，写出了《群众对投资环境有八盼》的调查报告，敦促政府各部门在发展经济的过程中重视投资环境建设。

"没有调查就没有发言权"

☆☆☆☆☆

从基层工作中成长起来的的吴天祥，十分重视调研。

"调研是联系群众的一种好的方式。"吴天祥说，"不调查，不研究，不深入群众，仅仅原原本本照搬照套上级的文件，是一种最偷懒的办法。这样做的结果，不是犯官僚主义错误，就是犯命令主义和瞎指挥的错误。"

决策在调查中完善，办法在研究中形成。

"家政服务，要成为下岗职工再就业的又一个渠道。"吴天祥在贯彻落实上级的这一要求时，选择了200户不同类型的家庭进行调查。其中，工人80户，知识分子60户，个体34户，其他26户。

吴天祥在调查中了解到，由于经济状况和家庭成员忙闲不一等原因，单一的、个体的家政服务面太窄了，应把家政服务纳入社区服务之中。

家政服务成为社区服务的一个重要方面，下岗职工就有了得天独厚的优势。吴天祥亲自在积玉桥街的砖瓦巷居委会试点，率先提出争创"全就业居委会"。

在贯彻中央关于"国有企业都应成立再就业中心"的精神时，吴天祥先后调查了14家企业。

其中有一家最困难的企业——五色织布厂。该厂已停产多年，有几百名职工下岗。吴天祥找到厂有关负责人要了100户最困难职工的名单及住址，逐一上门走访。

一连几个晚上，在这个厂的家属区，都能见到吴天祥的身影。他走家串户，摸清了实情，据此提出了国有企业下岗职工再就业的工作意见，很有指导性。

吴天祥对下岗职工再就业，还花大力气进行跟踪调研。他多次下黄冈，到随州，赴咸宁，看望武汉市在那里创业的下岗职工，帮助他们解决问题，总结下岗职工自谋职业的经验，想办法开拓再就业的新渠道。

吴天祥经常深入到分管的部门调查研究，掌握第一手材料，写出的多篇调研报告，大都成了区委、区政府制定政策的依据，有的基本上就是文件的底稿。

2000年，吴天祥在调研的基础上，写出了《从当前青年就业现状中引发的思考》的文章。

2001年，吴天祥写出了《对我区80名下岗工人就业现状的调查》报告。

2001年，吴天祥还亲自起草了为再就业提供一条龙服务和对全区安全生产实行规范化管理的文件。

随着职责的增加，吴天祥学会了"弹钢琴"。他在重点抓好下岗职工再就业的同时，对所分管的各项工作都抓得很紧，做到彼此协调，力争一流。

吴天祥带着信访问题，深入社区、企业调查研究，和区信访办的同志一道写出了《信访工作进社区的思考》的调研报告。

随后，全区198个社区相继成立"社区信访接待中心"，每年接待上访群众上万人次。群众中大量的纠纷、矛盾在社区得到化解，避免了恶化、升级。

吴天祥任副区长期间，武昌区信访总量下降了12%，集体上访量下降了20%，总体呈下降趋势，成为湖北省乃至全国的先进典型。

在吴天祥的建议下，武昌区"慈善超市"等民政求助系统启动，对201户特殊困难家庭实行定期帮助。实践证明，"慈善超市"是一条扶贫助困的好路子。

在吴天祥的号召和推动下，从2004年春节开始，武昌区组织"吴天祥小组""青年志愿者"，开展了"关爱'空巢老人'千人大行动"。

除夕之夜，全区525户子女不在身边的老人，家家有笑声，人人不寂寞。

吴天祥分管的部门，多次被评为省、市先进单位，受到了上级领导的好评。

➡ "立足本职，心忧天下"

★★★★★

"居领导之位则忧其民，处基层之位则忧其国。"

2005年，在吴天祥从武昌区副区长的位置退居二线以后，出于对他工作中时时处处洋溢着感恩之心的赞赏和钦佩，时任中共武昌区委书记的罗长刚主编了一部《燃烧的心——走上领导岗位的吴天祥》，对吴天祥给予高度评价，算是对吴天祥岗位履职的一个总结。

感恩是一种责任

书中说：吴天祥担任副区长之前，工作在信访办这个"窗口"，担当着党和政府的代表、人民群众的代表这双重角色。

"走上副区长的岗位后，他职务变了，但恪尽职守、勤政务实的工作作风没有变。

"他坚持在为民解难中为党分忧；把讲政治与爱人民、办实事融为一体；把对上负责让领导满意与对下负责让群众满意有机统一；既胸怀大局，忧国家之大事；又情系人民，忧百姓之疾苦。

"他凭着高度的责任意识、岗位意识、角色意识，立足本职岗位，勤政为民，兢兢业业，执着奉献，出色地完成了各项本职工作，用自己的实际行动，模范地实践着党的全心全意为人民服务的宗旨。

"本色是人的思想、灵魂的显现。是金子，无论它埋在土里，还是在烈焰中煅烧，都会永远保持金子的本性。不因地位的升降而忘本，不因环境的优劣而变色，这就是金子的本色！这就是吴天祥的本色……"

"要上访，找天祥！"这是吴天祥在区信访办工作时当地百姓对他的口碑。

在吴天祥出名后，找他上访的群众更多了。有本区、本市的，也有全省、全国的，有写信的，也有千里迢迢找上门的。吴天祥的压力太大了，负担太重了。

成为副区长后，吴天祥只是分管信访办工作，完全有理由不在"一线"接待群众来访。

"永远站在亲民、爱民、为民的最前沿。"吴天祥说，"权为民所用，情为民所系，利为民所谋，要在人民群众心目中树立共产党人的丰碑。"

"听民情，知民声，记民意，解民难，这是我每天必做的，一天也不能停，半天也不能停，半点也不能马虎。"这就是吴天祥！

从当上武昌区副区长的那天起，吴天祥就给自己立下誓言:联系群众，倾听民声，一心为民。

在吴天祥的心目中，在吴天祥的工作上，群众利益无小事，为群众办事没"二线"。

→ 每月接待百余人来访

★★★★★

"人有难处才上访。"他每天早上6点半左右，从家徒步走二十多分钟，到区政府大门口接待来访的群众。

"不管春夏秋冬，风霜雨雪，吴天祥常年如此。"在武汉，这早就不是新闻。

2000年12月22日，寒风料峭。

家住汉口的离休老人丁正昌，清晨5点不到就赶往武昌区政府。不过，他不是来上访的，而是要验证一下吴天祥是不是每天早晨在政府大门口接访。

6点刚过，丁正昌就到达了武昌区政府大门口。很快他就发现，吴天祥真的就在这个时候出现了。

他拉着吴天祥的手，激动地说："名不虚传！名不虚传！看到你对群众这样亲，这样好，感到党的优良传统又回来了。"

2004年9月20日早晨5点50分，天刚蒙蒙亮，又下着小雨。

中央电视台《焦点访谈》专题节目主持人敬一丹出

现在武昌区委区政府人民来访接待室门口。

敬一丹：有人吗？这里是吴区长的信访接待室吗？

保安：对。

敬一丹：平时他一般都是什么时候到？

保安：平时都是6点钟。

说话间，吴天祥打着雨伞走了过来。保安告诉记者他就是吴天祥。

敬一丹和吴天祥寒暄后，说："挺准时的嘛。"

吴天祥说："这是应该的。接待老百姓，就要我等老百姓，不让老百姓等我。"

一天清早，吴天祥接访时，来自紫阳街保望堤的老人哭诉说，他叫汪云发，老伴和儿子近年相继病故，只剩下他孤零零一人，自己因眼疾已双目失明，生活万分艰难。

要让汪云发自食其力，必须先治好他的眼睛。

吴天祥把汪云发送进省武警医院，为他交了2000元的住院费，又拿出200元请人照顾他住院期间的生活。

武警医院竭尽全力，为汪云发治好了眼睛。当手术后医生为他揭下蒙在双眼上的纱布时，他流着热泪，情不自禁地喊："共产党万岁！"

许多群众找到吴天祥家里上访，吴天祥的家也成了信访接待室。

吴天祥对来家上访的群众都热情接待，认真做好送上门的工作。

1998年8月30日，吴天祥从深夜2点开始在中路险段防汛值班，一直到中午12点才回家。他倒床就睡，睡得正香，突然有人敲门。又有人上访来了。

家里人见吴天祥太困了，劝他不要接待。吴天祥心想，群众上家里上访，肯定有急事。尽管他很疲劳，仍然热情接待了上访者。

上访者是为孩子读书的事。吴天祥当即和相关部门联系，为上访者敲定第二天带孩子到学校报名了。

2000 年 5 月的一天，一家针织厂的 30 多名下岗职工涌进了吴天祥的家。

吴天祥安排他们在床铺、桌子、椅子上坐下后，看到时间已近中午，便问大家"吃饭没有？"

"没吃！"带着怒气来的下岗职工异口同声地答道。

吴天祥首先张罗着给大家做午饭，一口气为大家煮了18 斤肉丝面。

大伙挤在一起边吃边聊，气氛一下子就缓和了⋯⋯

2002 年 8 月 4 日，是一个星期天。

吴天祥像往常一样，走访几户上访群众后回到家，刚捧起一本杂志准备阅读，就听到有人敲门。

吴天祥起身打开门一看，门口站着一位挺着大肚子的病人。

将来人请进屋，吴天祥扶他坐下，递上一杯热茶。

来人是武汉市洪山区的一位居民，肝硬化已到晚期，肚子由于积水太多，比即将临产的孕妇还要大，坐下都很困难，是特意来向吴天祥求助的。

吴天祥当即送给他 1000 元。随后，又护送他住进了医院。

如果遇到群体上访出现过激行为，吴天祥更是闻"风"而动，直接前往现场，正面接触他们，认真听取群众意见。

2004 年 5 月的一天，武汉重型机床厂的 200 多人因工龄工资问题，在武昌交通主干道中北路上静坐。

吴天祥闻讯后，迅速赶到现场。

工人们见吴天祥来了，报以热烈的掌声。

吴天祥从掌声中领略到群众对自己的信任。他亲切地对大家说："在座的父老乡亲，年长的是我父母，年轻的是我兄弟姐妹，有什么事可以心平气和地商量解决，堵马路就不好了。要相信党和政府，你们的事绝对不会无人过问的。我家的电话号码是88853828，如果没按政策解决，解决得不满意可以打电话找我。"

又是一阵热烈的掌声！

大家不约而同地起身。吴天祥随大家一起回到厂里，召开了有厂领导参加的座谈会，形成了一致意见。

几天后的一个早上，吴天祥又在区政府大门口接待了武重上访的8个人。他们反映问题还没解决。

吴天祥先把他们接到机关食堂，买包子请他们吃早餐。随后，又给厂里打电话，询问此事。硬是当着大家的面，现场协调，彻底解决了问题。

"人上一百，形形色色。"在接待上访的人群中，也难免遇上极个别不讲理的。这些人的某些超出政策的过高要求得不到满足时，就会生气发火，牢骚漫骂，侮辱人格。面对这样的人，吴天祥却能不愠不怒，以理服人。

有人要吴天祥为自己上中学的小孩换班级，由于不符校规未办成，就骂吴天祥是"假先进"。吴天祥泰然处之。

有一个拆迁户，住的是背街公房，要求吴天祥给他调换临街门面房。由于没有政策依据不能办，就大吵大闹。吴天祥没有把他的无理取闹放在心上。

2002年8月22日，一位上访者没讲明情况就向吴天祥伸手要钱，遭到拒绝后又是吵又是骂，还威胁说："不给钱，就要让你这个区长下课！"

此人的行为严重影响了机关工作秩序，公安人员对他进行了批评教育。

吴天祥考虑到他家确实困难，孩子等钱上学，还是送给他300元。

事后，有人对吴天祥说："他这样骂你，攻击你，你怎么还这样关心他？"

吴天祥说："我们不能单凭群众对自己的态度办事，他骂人行凶是不对的，但他家确有困难应当关心。"

当接过这饱含人民公仆一片赤诚之情的 300 元钱时，这位上访者又羞愧又感激，好半天张着嘴却一句话也说不出来。

→ 每月处理群众信函百余件

★★★★★

"群众来信是对我的信任，我绝不能让群众失望。"无论再忙，他每件必阅，每件必签，每件必有结果。

1997 年上半年，他在中央党校学习 4 个多月，收到来自全国各地的信件 300 多封，都一一回复。

其中，有一封是湖北省荆门市沙洋区曾集镇的农民李振华写的。

信中说，他老伴瘫痪卧床，一双儿女同时考上大学，家里没有能力送他们上学。吴天祥当即回信安慰，寄去了 500 元。

李振华收到汇款后，流泪了。他给吴天祥回信说："我并不想要你给我寄钱。你的收入也十分有限，只要你给我一些精神上的安慰就行了。"

对辖区内的来信，吴天祥的"回信"方式大都是亲自上门，面对面地回复。

1997 年 12 月 20 日，吴天祥收到昙华林居委会群众的来信。信中反映了孤寡老人潘海洪中风瘫痪，已多天不能进食，大小便失禁，生命危在旦夕。

吴天祥心如刀割，火速赶到潘海洪家。

潘海洪全身脏兮兮的。吴天祥转身买来毛巾和香皂，为潘海洪擦洗了身子。

吴天祥找到居委会，请大伙都来献点爱心，还留下 200 元钱，让他们请人照料病中的潘海洪。

晚上，吴天祥再来看望潘海洪时，居委会请来的医生正在为他输液，还在一口一口地喂他牛奶。

1998 年 1 月 20 日，吴天祥收到一名家住徐家棚的下岗工人官继房反映家中困难的信，专程找到他的家。

官继房家确实困难。夫妻双双下岗，工厂 4 年来没发分文。妻子患了严重的冠心病，一个女儿正在读中专。

春节前，吴天祥给官继房家送去 300 元钱。

2 月 19 日，吴天祥为官继房联系好了早点生意，并送去 1000 元的本钱。

官继房从此走上了自食其力的路。

2001 年 7 月，沙洋汉津监狱二监区的服刑犯人汪某，给吴天祥来了一封信，反映他和妻子均因贩毒坐牢，为给家中两个孩子转户口，被罗某骗走 9000 元。

吴天祥读信后，当即和汪某家所在的硚口公安分局取得了联系。

硚口公安分局不仅依法处理了诈骗犯罗某，还解决了汪某两个孩子的户口问题。

2003 年 1 月 30 日，农历除夕的前一天，吴天祥收到居住在武昌堤后街的新洲打工青年尹何生的信。

信中说，不久前，他在公共汽车上揭发了两名正在扒窃钱包的小偷，下车后被两名小偷打成重伤，卧床不起，春节连买米买菜的钱也没有。

吴天祥看信后，立马来到尹何生的住处，送去了600元钱和一些过年物资。

怎能让这位见义勇为的人流血又流泪？春节后，吴天祥又通过有关部门，为尹何生伸张了正义。

2004年3月，吴天祥收到一封让他读后流泪的信。

信的全文如下：

吴伯伯：您好！我万分感谢您对我的关爱和资助，您把一个月的工资给了我，在我晕倒后是吴天祥小组的叔叔把我及时送到医院抢救，不留姓名，放下钱就走了。

这一切使我无法用语言表达对党、对政府的热爱。我知道生命给我的时间不多了，我大脑里的两个肿瘤越长越大，可以说我的生命现在是以小时计算。

现在我要用行动报答社会，我决定在我死后捐献我的眼角膜，把我的器官捐给社会上需要它的人们，让他们眼睛得到光明，生活健康，把我的遗体捐给我的母校——同济卫校。我把这件事托给您，请您与医院联系为盼！王莎莎托。

吴天祥拿着这封信流着泪说："这辈子我收到过数不清的群众求助信，这是最特殊的一封，最让我感到震撼。我个人力量有限，希望社会来帮助莎莎完成心愿。"

原来，在一年前，2003年3月，吴天祥曾收到王莎莎一封求助信。

23岁的王莎莎，2000年毕业于同济医科大学附属卫校，当时她的听力急剧下降，到后来连戴助听器也不起作用了，确诊为大脑双耳神经部位肿瘤，且肿瘤体积已很大。

医生说，如果动手术，摘除一个肿瘤要花5万元，摘除两个就是 10 万元，而且风险极大，即便成功也会留下面瘫、失去知觉等多种后遗症。医生预言，她的生命最多只能维持半年，但她从没放弃过生的希望……

吴天祥当即给武昌中华蛇疗中医院的院长写了一封信，希望院方对王莎莎予以帮助。

院方了解到，王莎莎 12 岁父母离异，靠爷爷、姑妈抚养。现在爷爷又因重病卧床不起，家境窘迫。院长答应为她免费提供中药治疗……

➔ 百姓的事无小事

★★★★★

"我决定将我的家庭电话作为连心桥、爱民解难热线向您公开，如果您遇到一些急事、难事，如停水、停电、危房、积水、卫生、灾害事故等等，可与我联系，不管再苦再难，我一定尽到人民公仆的责任，把群众的事当作自己的事认真办好。能为群众解除一点困难，个人辛苦一点也算不了什么。"

这是吴天祥公布"爱民热线"电话号码时写的公开信。这封信印了 370 份，广为散发。

"我一定要让这部电话成为爱民电话，为民解难电话，与群众保持密切联系的桥梁电话。"

这是吴天祥将住宅电话公开两年多后，1999 年 1 月 26 日，他的日记中的一段话。

由于向社会底层公布了自己的电话，他每天都要接到几个甚至十几个电话。

群众给吴天祥打电话，最多的是生活中遇到的困难，如停水断电、下水道堵塞……

2000 年 7 月 23 日晚上，吴天祥接到解放路孤寡老人王太太的电话，说她家停水了。

吴天祥急忙赶到王太太家，先为老人提了两桶水，后又和自来水公司取得联系，终于保证了她家的供水。

群众给吴天祥打电话，有的是突然发生了急事、险事，向他求助。

1998 年 10 月的一天夜里，有居民给吴天祥打电话，反映一位叫张桂英的 70 多岁聋哑老太太，因静脉栓塞导致下右肢溃烂，需截肢才能保住生命。

天刚亮，吴天祥就骑着自行车，先到老太太家探望。吴天祥看到老太太脚部溃烂流脓，病情十分严重。于是，急忙联系医院。

吴天祥出了这家医院，又进那家医院……一连跑了 6 家医院，都以各种借口回绝。

吴天祥毫不灰心。

情急之中，他直接找到省武警总医院的院长，恳求医院收治这位无依无靠孤苦伶仃的聋哑老人。医院领导同意接收老太太，为她治疗。

吴天祥为老太太交了 2000 元住院手续费。武警医院免去了 10000 多元医药费。

老太太顺利截肢，保住了生命。

老太太住院两个多月，吴天祥多次去医院看望。老太太想吃什么，吴天祥就尽量满足她的要求。老太太吃在嘴里甜在心里，满腹感激的话又说不出来，只是望着吴天祥，用手指指天，又指指自己的心窝，再竖起大拇指。

2002 年 5 月 14 日，凌晨两点多钟，吴天祥接到居民肖翠花打来的求援电话。

肖翠花说，她哥哥肖松华家的房子突然垮了，倒下的砖瓦将肖松华砸成重伤，正在医院抢救。

事情发生后，肖翠花首先想到的就是吴天祥。

吴天祥放下电话，穿好衣服，立马赶到医院，组织救治。

他在当天日记中写道："人民群众有苦时首先要找你，有难时首先向你说，这对你来说是责任，是荣耀，是幸福。"

孤寡老人葛成香，从楼梯上摔了下来，导致严重骨折。她从昏迷中醒来后第一个就问吴天祥来了没有。她已把吴天祥当作了最信赖的"贴心人"！

2003 年 9 月 4 日的深夜，吴天祥家的电话铃声把全家人惊醒。

"吴天祥家吗？"

"是的！"电话是女儿接的。

"我们找吴天祥！"

"爸爸已睡了。"女儿告诉对方。

对方有点不高兴："你们能睡觉，我们可不能睡觉呢，要你爸爸起来！"

女儿听了此话，也有些生气，责怪对方："怎么这样说话？"

吴天祥急忙起来，接过电话说："我是吴天祥，有什么事，请讲！"

电话是梅苑小区一居民打来的，反映附近某工地深夜施工，影响休息。

虽然吴天祥不分管城管，而且，这个工地也不是区里直接管理的，但他没有推诿，先和中南街的有关同志联系，让他们连夜做工作，停止深夜施工。

他还当即赶到施工现场，经劝说，深夜施工停了下来。

感恩是一种追求

"从政当以民为天，吴天祥，你再难也要为这些特困户解难，累死也心甘。"这是他写在"民情日记"扉页上的一段警策自己的话。

　　"能叫人感恩一时的是好人，能让人感恩一生的是圣贤。"吴天祥说，"做共产党的官，要认真做一个好人，要努力做一个圣贤。"

⟶ 结识不完的"穷亲戚"

★★★★★

　　从 1997 年 5 月起，吴天祥开始记"民情日记"。他随身携带"民情日记"本，将了解到的困难户的"家情"和诉求，以及家庭住址一一记录在册，至今已记了 24 本。

　　在他办公桌上抽出 2 本"民情日记"。粗略地统计了一下，每本记下的"民情"近 200 条，共记近 400 条。

　　与其说，这一本本是"民情日记"，不如说，这其实是吴天祥的"穷亲戚"档案。

　　经他帮助解决的生活困难群众反映的问题达 1.5 万余个。其中，已有 40 多名困难群众在他的资助下发展产业，脱贫致富。

　　翻读吴天祥的"民情日记"，不难发现，武汉市内的和武汉市以外的残疾人、孤寡老人、双下岗家庭，是他记录最多的群体。他结识的"穷亲戚"绝大多数源于这一群体。

2000 年 1 月 12 日，吴天祥办公室。

一位年近古稀的老婆婆牵着一个盲女，一进门就"扑通"一声双双跪下，泣不成声。

吴天祥将母女二人扶了起来，递上茶水，让她们坐下来慢慢说。

婆婆名叫张桂英。10 年前，老伴和儿子相继病逝，与女儿钱菊梅相依为命，艰难度日。

两年前，钱菊梅右眼失明，接着又下了岗，仅靠在路边摆个小摊为生。

屋漏偏逢连阴雨。半年后，钱菊梅的左眼也看不见了，生活陷入绝境。在好心人的指点下，她们找到了吴天祥。

"吴区长啊，我们已到了山穷水尽的地步，请您救救我的家，救救我的伢！"张婆婆哭着说。

吴天祥将张桂英的情况记入"民情日记"。

当天下午，吴天祥就带着母女俩到医院为钱菊梅看眼疾。医生初步诊断为急性白内障，好在年轻，还有救。

一个星期后，吴天祥又带钱菊梅到省人民医院做进一步检查，确诊为先天性无虹膜，治疗难度较大，所需费用也大。

吴天祥送去了 3000 元，但费用还远远不够。

1 月 20 日，吴天祥向《武汉晚报》新闻 110 求助。

报社领导当即决定，从读者公益扶助金中拿出 2000 元，捐赠给钱菊梅，作为医治眼疾的启动费。

吴天祥的求助也得到了社会的支持。

1 月 24 日，吴天祥和区信访办的同志一起，冒雪将钱菊梅送进了省人民医院。

1 月 25 日，钱菊梅的右眼手术。

1 月 27 日，钱菊梅的左眼手术。

在医生的精心治疗下，钱菊梅的双眼复明了，她又看到了阳光，看到了生活的希望。

1月31日，钱菊梅出院。她给吴天祥送去一面锦旗，上面书写着："你把心掏给了我们。"这是多么真切感人的情怀！这是多么朴实，又是多么形象生动的内心表白！

为了群众，吴天祥舍得一切！

徐家棚街四美塘的居民周文栋，是武汉一家特困企业的下岗工人。

2002年7月，同样下岗在家的妻子陈燕玲被诊断出白血病，这给本来就经济拮据的三口之家带来了难言的哀愁。

为了给相濡以沫的妻子治病，周文栋卖掉了家中所有值钱的东西，可这只是杯水车薪。一个孩子正在上学，日子万分艰难。抱着一线希望，周文栋找到了吴天祥。吴天祥将其记入了"民情日记"。

两天后，吴天祥上周文栋的家，送去500元钱。

接着，吴天祥又带着街道吴天祥小组的同志，以及康佳武汉分公司负责人，将一台21英寸彩电送到了周文栋家。"这或许能为你病中的妻子排解些心中的郁闷。"吴天祥亲切地拉着周文栋的手。

周文栋家庭的困境见诸报端后，不少好心人伸出了援助之手，甚至有外地群众向其捐款、赠药方。其中，市检察院控申处干部张烈民夫妇也将300元现金送到周家。打那以后，张烈民夫妇逢年过节都要带着钱物看望周文栋。周文栋掰着指头算了算：两年多来，张烈民夫妇已无私捐助他们家款物3000余元。

在吴天祥的关心下，社区已为周家办理了低保。

为给周家毕业的女儿找工作，吴天祥四处求人，生病住院动手术后，躺在病床上还给有关部门打电话。几经努力，终于找了份临时工作，每月能挣到400元钱。

在吴天祥的"民情日记"中，有一部分记载的是群众生活中遇到的一些难题，在找有关部门不能得到及时解决时，都会找到吴天祥。

2003年夏，中山路的郭丽娥大妈一家遇到了一件烦心事，一家单位施工时把他们家的下水道堵了。污水漫溢，臭气熏人，家里的厨房也没法进去，洗澡没处洗，做饭没地方做。

为此，郭大妈多次找有关部门反映。20多天过去了，也没有结果。

吴天祥了解到这个情况后，来到郭大妈的家，二话没说，挽起袖子，把下水道盖子揭开，淘了起来。

郭大妈看到吴天祥这么大年纪了，有些过意不去。

在吴天祥的带动和督促下，有关部门帮助郭大妈彻底地解决了问题。

→ 为居民再跳粪坑

★★★★★

1997年1月9日晚，湖北剧场正在上演新编排的现代纪实楚剧《吴天祥》。

首场演出，剧场里座无虚席。操劳一整天的吴天祥，也应邀在台下观看。

台上，为了不再让三义村居民遭受粪池堵塞之苦，"吴天祥"毅然跃入粪窖，在没顶的臭水中探摸管道口。

台下，一些知情观众的眼前闪现出了不久前吴天祥又跳粪池的情景。

这一幕就上演在武泰闸一幢居民楼内。

在武泰闸集贸市场附近，有一栋企业自管宿舍楼。

这栋6层高的居民楼共住着几十户居民。半年前，一楼有两个单元的下水道被堵塞，住户向公司反映，无人理睬。

下水道被堵，苦了一楼住户，厨房和厕所不能使用不说，楼上排下的废水也在此处往外漫溢，厨房和厕所成了"化粪池"，让人无法生活下去。

一楼住户只好用水泥封死下水口。这样，楼内的脏水便涌上了二楼。二楼住户也如法炮制，脏水便涌上了三楼。如此，脏水依次往上漫溢，直至这两个单元6层楼的下水道全部废弃。

在万般无奈之下，居民们找到吴天祥。当天22时，吴天祥就骑着自行车，来到居民家中，了解下水道堵塞的情况。

随后，吴天祥态度严厉地责成这家企业着手解决。

就此事，吴天祥先后五、六次找这家企业，每次回答都是一个字：难！

难在何处？难在"钱"上。

吴天祥向这家企业建议：公司出一点，区市容环卫局出一点，住户出一点，我们大家凑一点，合伙请人疏捞下水道。吴天祥当即从身上掏出了800元钱，但这个建议还是搁浅了。

这次又难在何处？难在"人"上。

武昌区市容环卫局的"吴天祥小组"听说了这事，主动请战。

1月4日，星期六，市容环卫局"吴天祥小组"的20多人，在党委书记吕世信，局长龚义元的带领下，与吴天祥一起，来到这里疏捞下水道。

掏出的粪便和垃圾足足装了9辆环卫清运车。

突然，疏捞受阻。

原来，由于下水道堵塞时间长，从楼内管道到窨井之间形成了一段"肠梗阻"，只有下井作业，才能使上劲。

在楼外的窨井旁，正在人们准备之际，只听"扑通"一声，有人率先跳下去了。

人们朝井中一看，不是别人，正是吴天祥！

吴天祥毫不犹豫地跳下去了！

窨井内，粪水散发着臭气，熏得人直想呕吐。吴天祥强忍着，站在齐腰深的冰冷刺骨的粪水中,将秽物一桶一桶地挖出来。

"吴区长,快上来!"不断有人高声呼喊。

可吴天祥仿佛没有听到,仍然在粪坑中,埋头清理堵塞物。

在场的人无不深受感动,许多女住户流下了热泪。

80多岁的太婆王兆静,见此情景放声大哭。她边哭边说:"如果你不上来,我也要跳下去!"

吴天祥坚持把下面的堵塞物清理完,才爬出窖井。

吴天祥上来后,衣服已经湿透,冻得两腿打颤,嘴唇发乌。

当天,在吴天祥的带领下,大家挥汗如雨干到傍晚,堵塞多时的下水道终于疏通了。

事后,有人问吴天祥:"你是副区长了,为何还跳粪坑?"

他脱口而出:"粪坑有危险,领导不跳谁跳!"

粪坑算什么!即使是浪涛滚滚的长江,为救人,水性并不好的吴天祥不是也曾先后4次跳江救人吗!

→ 为穷亲戚"让房"

☆☆☆☆☆

吴天祥的一个又一个"让"字,闪烁着"毫不利己,专门利人"的共产主义风格,凸现了"一心为民,无私奉献"的崇高精神。

积玉桥汉成里 58 号的王子惠，是国棉六厂下岗工人。一家四代六口人仅住 20 平方米的房子，想买房又没钱。女婿是现役军人，每次探亲都要打地铺。

在十分无奈的情况下，王子惠和他的女婿找到吴天祥。

吴天祥到这家破旧、拥挤不堪的房子里去看后，就跟家人商量，让女儿女婿外孙搬回跟自己一起住，把他们的婚房让出来给王家住。

爱人、女儿、女婿给了他极大的支持。

2001 年 3 月，王子惠一家住进了这套房子。

不久，王子惠家分到了新房。

女儿、女婿将这套房子重新进行装修后，搬了回去。

残疾人沈双谦，一家 4 口吃"低保"，挤住 20 平方米旧房。房屋拆迁后，老沈按政策拿到 3 万多元的拆迁补助款。"这笔钱到哪里能买到房子？"他在犯难。

"莫着急，我一定帮你找到安家之地。"吴天祥宽慰老沈。

在想尽办法也未能为老沈买到合适房子后，吴天祥又打起了女儿、女婿新装修房子的主意。

他再次动员女儿、女婿搬来和自己一起住，把房子让给老沈一家。

这一次，女儿、女婿有想法了："爸爸，我们的房子才花钱装修，为什么要无偿给他们住？"

吴天祥耐心劝说："老百姓跟我们像亲戚一样，暂时有困难，我们不帮助他们谁来帮呀？"

沈双谦住进这套装修一新的房子，用着吴天祥送来的日用品，含泪道出心声："是吴区长，是共产党给了我新家！"

就这样，女儿、女婿的这套房子，成了吴天祥"穷亲戚"们的"解困公寓"。

在为沈双谦解决了廉租房后，这套房子又迎来了第三户。

残疾困难户黄秀华生活艰难，还要用低保金租房吴天祥万分同情他们，便帮助他们搬进了这套房子。这是 2003 年 10 月的事。

一些报社的记者要报道这件事，吴天祥不同意。他说："我为群众做好事办实事是为了尽一个共产党员对人民群众的责任，绝非为了图虚名，得表扬。不为名，不为利，一心一意为人民谋利益，就是我们共产党员最高的德。"

到 2005 年，住在这套房子里的已是第四户了，名叫李双千。

2003 年夏，患过小儿麻痹症的李双千，面临着房屋拆迁、儿子上大学、"人力三轮车"停开等一系列问题，生活的重担压得他喘不过气来。

房屋拆迁补助款，几个兄弟一分，李双千个人所得无法购买新房。一家四口住到哪里去呢？困难中，经人指点他想到了吴天祥。

2004 年春节后，他鼓足勇气给吴天祥写了一封信，详细地讲了家里的困境。

几天后，吴天祥推着自行车来到了李双千的家。

李双千租住的地方连门牌号码都没有。吴天祥了解情况后，记下了他隔壁家的电话号码，以便联系。

吴天祥四处打听，也没找到合适的廉租房。他又很自然地想起了女儿的那套房。

又过了两天，吴天祥电话里告诉李双千："现在有一个房子，不收房租，但它是个楼房，你的腿脚不好，住楼房行吗？"李双千一听，喜出望外，连忙答应了。吴天祥当即就和他约定了看房的时间。

到了约定的那天，吴天祥找了一辆车，专门接李双千去看房子。上车之后，吴天祥才告诉他："是我闺女的房子，你们先住着吧。"

吴天祥掏出一串钥匙，递给李双千。他说："你们自己再看看，钥匙先给你。我还有事，得先走了。"

吴天祥走了几步，突然停了下来，转身问李双千："你们回去的路费没带够吧？"说罢，吴天祥从身上搜出几十元钱，递给了李双千。

2004 年 3 月，李双千搬进了这套房子……

→ 给病友让床

★★★★★

2004 年 6 月底，吴天祥因患带状疱疹病毒感染和青光眼，住进了武汉大学人民医院。

在医院，吴天祥仍是一个大忙人。从早上 6 时到晚上 9 时，到病房找吴天祥的人络绎不绝。有看望他的，也有上访的。因休息不好、眼压太高，他的青光眼手术治疗一再延后。

在医院，吴天祥仍没忘记共产党员的天职和人民公仆的本色。他 6 次婉言拒绝住高干病房，一直住在普通病房。

8 月 2 日，武汉市 19 中学物理教师方兴邦，因视网膜脱落入住人民医院。由于床位紧张，当晚他只能睡在走廊的加床上，次日上午做了急诊手术后，被安排进了小病室，与吴天祥同住一个病房。

方兴邦和吴天祥虽然同病房只 3 天，但他感受到活生生的"吴天祥精神"。8 月 6 日，方兴邦给《长江日报》

写了一封热情洋溢的信，讲述了吴天祥让床的故事：

"我进病房后，吴天祥问寒问暖，非常关心。"方兴邦说，当晚9点钟，吴天祥对他的妻子说："你就睡在我的床上，好好休息，有精力照顾病人，我走了。"他妻子还以为他回家了，哪知道，他妻子夜间起床去上洗手间时，才发现吴天祥并没有回家，而是为了让陪护他的妻子有床位休息，他去房外找了个板凳睡觉。

方氏夫妇见状，感动万分：真想不到有这样的好人，自己身患多种疾病，正在眼科治疗，准备手术，竟把病床让给我陪床休息。他们硬拉吴天祥回自己的病床上睡觉，他高低不肯，并说："你们很难，做了多次手术，需要帮助，又是老师，一定要把眼睛治好，尽快去给孩子们上课。我是小病，不要紧，哪个人不需要帮助。"

接连两个晚上，吴天祥就这样坚持让出床位给这位病友的妻子休息。方兴邦手术后的第二天，吴天祥还让他的爱人煨好排骨汤让方兴邦加强营养。

有不少人来看望吴天祥，其中也有找他排忧解难的。他丝毫不顾自己有病的身体，热情接待，耐心解释，做细致的工作。他对别人送的礼物一律不收，坚决退回。以前我常看到有关吴天祥的事迹报道，百闻不如一见，在这短暂的接触里，使我真切地感受到吴天祥真不愧为党的好干部，人民的好公仆，助人为乐的活雷锋！

"就是不把吴天祥当领导看，单从病人让床位给同病室的陪护来讲，也太让我们感动了，不把我的感受说出来，我食不香，夜难寐。若我的视力能恢复，我一定要向我的学生讲述活生生的吴天祥精神，宣传党的好干部、好作风！

为了让吴天祥能好好休息，我们背着吴天祥向护士长要求，换到另外的病房去，不然他总得不到休息。8月5日下午，我们转离那间病房，虽说很舍不得与吴天祥分开，但为了他的健康，我们只有用换房离开来报答他。"

8月28日，医院为吴天祥做了青光眼手术。

就在吴天祥手术后不几天，他又一次让床。

蔡甸区侏儒街宁堡村五组农民曾木清的孙子，因视网膜脱落做手术，住进省人民医院。夜晚，为了不影响孩子的休息，72岁的曾木清就坐在凳子上，靠着病床边睡觉。

这情景，被"串门"的吴天祥看到了。他问清原委后说："老曾，今晚到我的床上去睡。"曾老汉欣喜之余不禁问道："那您呢？"吴天祥摆摆手："我有办法！"

刚做完青光眼手术的吴天祥，躺在厕所旁的长木椅上辗转难眠。

睡到半夜，曾老汉起床小解，在木椅上发现了吴天祥。

他百感交集，不知说什么好，紧紧握着吴天祥的手："吴区长，您和我非亲非故，为什么对我这么好？"

吴天祥笑着说："我是共产党员，不关心老百姓就不算共产党员。"

→ **"当官不为民做主，不如回家种红薯"**

★★★★★

公道得民心。吴天祥常为老百姓打抱不平，讨回公道。"为老百姓主持公道，是我们最起码的道德品质。"

路见不平，挺身而出。一天中午，吴天祥路过彭刘杨路。突然，一骑自行车的男子将一位女青年撞倒。女青年脸上、手上都是血，腿也摔伤了，走路很困难。

骑车人丢下女青年不管，欲骑车一逃了事。

吴天祥和两名群众急忙上前，将骑车人拦住，查看了他的工作证，并对他进行了批评和教育。

骑车人承认了错误，送女青年到医院去检查治伤。

不管是谁，只要他欺负老百姓，吴天祥知道后都要过问。他说："只要为群众利益的事，我就要做，就要管，而且要做到底，管到底！"

家住积玉桥砖瓦巷的特困户皮玲玲，患了严重高血压，到一家省级医院去看病。医生要她做 CT 检查，花去 300 多元，买药又花去 300 多元。这对于平时连大米都舍不得买的特困家庭来说，怎么承受得了？

看一次高血压花六七百元，吴天祥知道后十分气愤。各级领导再三强调要关心下岗职工和困难户，这家医院为什么这样？

吴天祥给市卫生局和这家医院领导写信打电话，就这个问题进行了批评，希望他们端正服务态度，不要只顾赚钱而不关心群众的疾苦。

2001 年初，家住武昌杨园的一位中年妇女，向吴天祥哭诉了家中的不幸。

几年前，她的儿子小华在某小学读四年级，一次上体育课学跳鞍马时，由于老师保护不力，从跳箱上摔了下来，右肱骨踝部粉碎性骨折，留下右手臂内翻变形的后遗症，经法医鉴定达到七级伤残。

此时已上中学的小华，伤残的右手发生病变，必须尽快动手术。医疗费需要上万元，可家里穷困潦倒，她本人身患肿瘤内退在家，母子俩仅靠微薄的生活费相依度日，钱从哪儿来？

经过咨询，小华的妈妈知道了儿子原就读的小学应承担不可推卸的法律责任。于是，她多次找学校，请求依法支付孩子的部分医疗费，但学校负责人以种种理由，拒绝承担相关经济责任。

1 月中旬，她决定起诉该小学。哪知，在去法院的途中，身上带的用来交诉讼费的 500 元钱被偷走了，别无他法之时，她想到了求助于吴天祥。

得知情况后，吴天祥多次上门慰问，并四处与有关部门联系，寻找协商解决问题的办法。在协商无望的情况下，吴天祥决定帮她打官司。

吴天祥送给她 2000 元，作为诉讼费，并陪她一起到法院，办完了相关手续。

法律主持了公道，小华获得了赔偿，有钱治病了。

2001 年 9 月的一天，洪山区新路村村民胡某向吴天祥反映，她丈夫邓某骑自行车时被洪山区城建委的车撞成重残，区法院判决司机和城建委连带赔偿各种费用总计 77400 多元，但他们仅付了 10600 元，就不再支付了。

司机家里困难，再无能力赔偿。

城建委表示不愿再拿钱。

区法院执行庭办案人员态度暧昧，久拖不决。

"当官不为民做主，不如回家种红薯。"吴天祥要为邓某主持公道，为他把依法获得的赔偿费要回来。

第二天，吴天祥就与洪山区法院和城建委联系，希望他们依法办事。

在吴天祥的斡旋下，拖欠的 6 万多元赔偿款很快送到邓某的手中，法律的正义又一次得到了伸张。

农民工是市场经济条件下的弱势群体，但它涉及的行业广、人数多、影响面大，而当前随意拖欠、违法扣压农民工工资的情况普遍存在，如何保护他们的合法权益？这是一直萦绕在吴天祥脑海里，连吃饭睡觉都挥之不去的问题。

1998 年 6 月，吴天祥帮助在一家私营餐厅打工半年未领分文的十多名农民工和下岗工人，讨回了 3 万元工钱，为他们主持了公道。

这年的 11 月 10 日晚，十多名打工的黄陂农民来到吴天祥家，反映一家房地产开发商半年未给他们发工资，目前吃饭的钱都没有了。吴天祥当即送给他们100元钱，以解燃眉之急。第二天上午，吴天祥就找到开发商，批评了他们的违法行为，为打工农民讨回了工资。

2000年7月16日，气温高达40℃。

一个叫彭先明的农民工，向吴天祥反映，他在一个建筑队做了一年多的小工，老板只给了他300元钱，其余的钱都被老板"黑"了。

吴天祥邀上区劳动局分管劳动监察的副局长，冒着高温，赶到彭先明打工的工地，找到建筑队的老板，讨回了被"黑"的一年多的血汗钱。

这样的事不胜枚举。

2002年4月，根据吴天祥的建议，武昌区在全市率先成立了"为农民工无偿提供法律援助政策咨询中心"，抽调劳动、司法、信访部门的工作人员在区信访办定期接待，现场办公。

3年来，这个咨询中心免费为376名农民工提供了法律援助和政策咨询，保障了他们的合法权益。

残疾人应多感受社会温暖

★★★★★

残疾人是社会的一个特殊群体，是弱势群体中的"弱者"。他们比正常人有更多的艰难困苦，更需要人帮助。吴天祥说，"把阳光撒向他们，把春风吹向他们，把爱心献给他们，让他们感受到社会主义大家庭的温暖"。

吴天祥结交的残疾人朋友，有名有姓的就有几百个。

吴天祥的许多残疾人朋友，有不少是在信访办时结交的，高位瘫痪残疾人黄冬萍是其中一位。

那是 1996 年 8 月的一个晚上，家住武昌西城壕的黄冬萍给吴天祥打了个求救电话："我家的房顶塌了。"

吴天祥连夜赶到现场施救。后来，不仅帮她重新建起了 32 平方米的新居，而且，她的生活起居从此也一直挂在了吴天祥的心上。

在吴天祥的感召下，武昌交通大队司门口岗"吴天祥小组"与黄冬萍接上了"亲上亲"，武昌供电局、武昌电信局等单位的"吴天祥小组"，也纷纷伸出援助之手，为黄冬萍家安装了电灯、电话、电扇，添置了生活必需品，承担了其儿子的学习费用。

吴天祥当了副区长后，仍一如既往地关照黄冬萍，这已成为一段广泛流传的佳话。

吴天祥关心残疾人的故事，就像葡萄架上的葡萄一串串。

家住杨园电力新村的田为建，30 多年前遇车祸造成了腿部残废。

2001 年夏，田为建的下肢大面积溃疡，生命垂危，只有截肢才能保住生命。他向吴天祥发了一封求助信。

吴天祥赶到田为建的家中，看到田为建的父亲因中风卧床不起，大脑也已不听使唤，妻子没有工作，孩子刚上初中，家中一贫如洗，除了破损的桌子、椅子和床外，没有一件值钱的东西，他心情沉重。

田为建要万一有个三长两短咋办呢？吴天祥想，可田家生活万分艰难，四口人靠每月 700 多元的"低保"为生，哪有钱住院啊！

"一定要救田为建！一定要帮他渡过难关！这是我的责任啊！"吴天祥下定了决心。

吴天祥和家人商量，资助田家 3000 元。

9 月 4 日一大早，吴天祥将生命垂危的田为建送到省武警总医院，并为他办理了住院手续。

该院和武昌区残联，也从多方面帮助田为建。

其间，吴天祥还与铁四院学校联系，减免了田家孩子的学杂费、借读费。

9月13日，吴天祥专程到医院看望了田为建，得知他截肢后精神和身体状况都不错，生命保住了，吴天祥的心稍稍宽慰了一些。

田为建泪流满面，紧紧握住吴天祥的手说："感谢您给了我第二次生命！"

"是党教导我这样做的，要感谢就感谢党！"吴天祥还是那句话。

11岁的龚涛，父母都是残疾人，三口之家仅靠父亲每月近200元的生活费为生。

屋漏又遇连阴雨。1999年初，龚涛患严重肾炎住院了。

1月18日，"四九"天的夜晚，很冷。月亮悄悄躲进云层，天上的星星稀疏可数。寒风中，通往龚涛家的小巷里的行人也越来越少。这时，小巷中出现了一个骑车的人，他就是吴天祥。

几天来，为龚涛的医药费，吴天祥在龚涛父母单位往来奔波，反复协调，终于有了着落。双方单位的领导同意向孩子献爱心，尽力拿钱把这孩子的病治好。今晚，他要把这消息告诉龚涛的父母。

接着，吴天祥又和区残联商量，让残联也给予一些资助。

龚涛住院期间，吴天祥多次到病房探望。"副区长亲自看望残疾人的孩子，难得！"医务人员赞叹不已。

吴天祥不仅关心残疾人个体，为他们排忧解难，而且花费很大精力考虑这个群体的就业和生活。

2003年,武汉市整治"三车"。武昌区有714名残疾车主必须将车上交,这是大局。吴天祥深入到残疾车主中,一个一个地做工作,晓之以理,动之以情,使交车十分顺利。

在交车现场,残疾车主余和平痛哭流涕。吴天祥上前询问,得知他的父亲刚刚去世,交车后生活无着。吴天祥用车把他送回家,留下了500元钱。

余和平的情况引起了吴天祥的深思。他想到,交车后出现了新问题。虽然车主们都按政策得到了相应的经济补偿,许多人还拿到了"低保",但他们中间一些求职困难的残疾人,断了经济来源,家庭可能出现新的生活困难。

"群众的问题没解决,我们的工作就没到位。"

一连几天,吴天祥和区残联的同志一起,深入市场考察,广泛征求残疾人意见,寻求新的就业门路。

修鞋,比较适合残疾人。

修鞋,需要技能。吴天祥建议,免费对残疾人进行培训。

9月5日,吴天祥提议的肢残人补鞋培训班开学,80多人得到免费培训。

此后,武昌区政府投入2万元,购买了补鞋机,免费发给每个参加培训的残疾人。

82个残疾人上岗了。

"武昌区残疾人修鞋关照证",吴天祥亲自设计的统一标牌,也挂在了每个修鞋点上。

这样的修鞋点,在武昌区的背街小巷共有82个。它们犹如一棵棵不知名的小草,在春风的吹拂下,默默为社会吐出自己的嫩绿。

→ 心系下岗职工

☆☆☆☆☆

在吴天祥分管的十多项工作中，摆得最重要的就是下岗职工再就业。它关系到民生之本，关系到社会的和谐与稳定。

下岗职工再就业，一个途径是寻岗安置，另一个途径是自谋职业。

吴天祥为下岗职工再就业，出了不少好"点子"，引了不少好"路子"，花费了不少心血。

开放心馍店。

集贸市场里卖菜。

搞社区服务。

创建香菇基地。

这些年，经吴天祥安置的下岗职工有 600 多人。

吴天祥为民排忧解难，帮得最多的也是下岗职工。

这些年，得到吴天祥帮助的下岗职工有多少，谁也说不清，也无法统计。

吴天祥关心下岗职工，"把生活上扶贫、精神上扶志、能力上扶技、经济上扶业有机结合起来，变'输血'为'造血'，让他们早日走上致富路"。

1995 年，下岗工人黄存凤在吴天祥的鼓励下，以家里的房产作抵押，贷款来到老家黄州，办起了养猪场。

十年风雨，十年坎坷。这位历经磨难的女强人、当地有名的养猪状元，一提起吴天祥就很激动。她永远也忘不了吴天祥对她的关心和帮助。

黄存风每当处在危难时刻，吴天祥就会出现在她的面前。

吴天祥则一直把她记挂在心里，先后20多次下黄州，帮她买书籍、迁猪圈，协助解决各种矛盾和困难。

独城镇是黄存风养猪场的第一站。

1998年的一个雨天，吴天祥与区劳动局的同志，踏着一路泥泞，给黄存风送去了养猪技术书籍。

这一年，发生了特大洪水。

8月2日，黄存风的猪圈进水。

猪圈内的水越来越深。

漂在水中的70多头猪，高一声低一声，"嗷嗷"直叫，凄惨、悲凉。

站在水中的黄存风，汗一把泪一把，急得团团转，焦虑、绝望。

记得1995年，因渍水，她把猪卖掉，亏了!

1996年，因淹水，她又把猪卖掉，又亏了!

她再也亏不起了。不能再卖猪，这次她要与猪共存亡。

"我叫黄存风，是武昌区的下岗工人。"她在猪的身上贴了写有这样内容的纸条，希望好心人将随水漂散的猪拾到后还给她。

她给吴天祥打电话，诉说"灾情"。

此时，吴天祥在武昌防汛一线。他当即给当地武警打电话求援。

武警迅速派出船只，将黄存风和她喂养的猪救了出来，运到一个山岗上。

山岗名叫孙公山，当地又叫月母子山，是旧社会埋葬月母子的坟地，一片荒凉。

这里便成了黄存风养猪场的第二站。

好在这里曾办过养猪场，留有两间房子和一排猪圈。人和猪都有了落脚的地方。

2001年初冬，一天晚上，小偷光顾黄存风的猪圈，一下"牵"走了

6头猪。

第二天，黄存凤到公安部门报了案。

几天过去了，无音讯。

吴天祥知道后，驱车来到县公安局，见到了公安局长。

公安局长认出了吴天祥。

吴天祥说："我们的一个下岗职工，在贵地养猪，猪被偷了。"

黄冈市、县领导得知吴天祥来了，也赶到公安局，听了情况后，明确要求："抓紧破案，活要见猪，死要见钱。要采取保护措施，不能再发生这样的事！"

案子很快破了。此事震动了四周群众。

从此，再也没有人敢来偷猪了。

人祸已去，天灾又来。

2003年5月2日，一场罕见的龙卷风突兀而来。

墙倒了，房塌了，150头猪全被压在砖瓦下。惨景让黄存凤傻了眼，她伤心地哭了。

当地群众来了，帮她把猪一头一头地从废墟中救了出来。

重修猪圈，钱从何来？黄存凤想打退堂鼓了。

吴天祥听说后，打电话鼓励她："要挺住，我会想办法帮你筹钱的。"

吴天祥以自己的房产作抵押，替黄存凤申请了2万元小额贷款。

不几天，贷款到位了。

黄存凤第二次转移阵地，离开了坟地，选址交通方便的张港村。

张港村，黄存凤养猪场第三站。

她盖房子，扩猪圈，精心饲养。当年出栏生猪70头，赚了1.5万元。

2003年7月，在随州市曾都区做副食生意的下岗工人王四快，亏损了几十万元。

在他走投无路时，吴天祥伸出了援助之手。

王四快是一个有心人。在随州市经商的日子里，他了解到草店镇香菇种植基地需要大量的蜂窝煤做燃料，开办蜂窝煤加工厂是一个很有前景的项目，便写了一份可行性报告，送到吴天祥手中。

第二天，吴天祥把王四快叫到办公室。

王四快坐了下来。吴天祥给他倒了一杯水。彼此沉默着，王四快眼里充满着期待与不安。

吴天祥双眼看着王四快，足足"盯"了三分钟，"盯"得王四快好不自然。

"信得过！"吴天祥打破了沉默，"我以我个人信誉作担保，为你贷款2万元。"说着，将担保书递到王四快手里。

王四快明白了，吴天祥是在观察他的人品。他拿着担保书，眼睛模糊了。

9月，贷款办了下来。

10月6日，"华四"煤厂在草店镇正式开业。吴天祥去了，送去了最真诚的祝贺，顺便对当地香菇种植情况进行了考察。

一个新的就业门路的构想，在吴天祥头脑中逐渐形成了。

10月13日，吴天祥给王四快打电话，提出武汉周边也能种香菇，让他把技术学到手。

10月18日，吴天祥带着王四快前往华农，向生物专家、教授咨询。

10月22日，开始选址。

经过考察分析，决定把香菇种植基地建在江夏区舒安乡嗣孟村。这里的资源丰富，自然环境特别适合香菇培植。

同时，这里又是武昌区的对口扶贫村。武昌区先后投入近百万元，为村里兴修水利，铺路搭桥，建苗圃基地。

吴天祥想，以下岗工人办的香菇种植基地为纽带，带动周边农户种植香菇，发展香菇深加工产业。既实现下岗工人再就业，又帮助农民脱贫致富，岂不是一石二鸟！

把下岗工人到农村创业与对口扶贫结合起来，既开辟了再就业的天地，又拓展了扶贫的路子，岂不是一举两得！

华四创业香菇基地的筹建工作，紧锣密鼓地进行。

2004年3月，在吴天祥的组织下，武昌区的40多名下岗工人，嗣孟村的60多名农民，分三批前往随州参观学习。

吴天祥把老家房子卖了，拿出10000元，资助王四快建香菇种植基地。

4月20日，5月1日，吴天祥先后两次与王四快及几名下岗工人一起，徒步进山，寻找生长香菇的辅材料含香紫金刚梨树。

出菇后，吴天祥又帮着跑销路。

后来，吴天祥因病住院，心里仍牵挂着香菇种植基地，不时打电话询问情况。王四快为了让他安心治病，总说好。

可吴天祥还是放心不下。出院后，他立马来到香菇种植基地，发现这里的生产生活条件太艰苦了，打井、盖房、搭棚子，都需要钱。

于是，吴天祥又不声不响地筹资2万元，在国庆节时送到了王四快手中。他还在基地住了6天，与下岗工人同吃、同住、同劳动。

2005年元旦，吴天祥发现那里的工人被子太薄了，便自己买了6床新棉被送去了。

2005年2月8日，除夕。吴天祥告别家人，来到嗣孟村香菇基地，与在这里种植香菇的11名下岗工人同吃团圆饭，共度除夕夜，齐庆成功年。

"工友创业不惧千辛万苦，香菇飘香乐醉万户千家。"吴天祥创作的这副对联，是基地的真实写照，也道出了大家的心声。

望着对联，王四快和他的同事们心潮起伏，眼前闪现出一幅幅艰苦创业的画面，而每幅画面里都融入了吴天祥慈祥的身影。

"噼里啪啦! 噼里啪啦!" 鞭炮齐鸣，既是新春佳节的祝福，也是创业成功的庆贺。

基地创建不到一年，已初具规模。

基地建起了52个大棚，种植花菇3万多袋。

嗣孟村已有22户农民种植花菇2万多袋。

花菇销路不错，预计可创收27万元。

无论是下岗工人，还是农户，大都收回了投资，开始赚钱了。

吴天祥在基地住了三天，把他的身影，把他的关心、喜悦、笑声和叮咛留在每个大棚里，印在每个人的心上……

现任武汉星达防火门有限责任公司和武汉市长江消防设备工程有限公司董事长兼总经理的石竹武，1995年是个下岗工人，而且是"夫妻双双把家还"夫妻双下岗。

祸不单行。一把大火将石竹武的家烧了个精光，他家的生活面临绝境。

石竹武在他最困难的时候，找到吴天祥上访反映了自家的情况。吴天祥资助了他500元钱。

这500元钱虽少，但把两颗心紧紧地系在了一起。

在吴天祥的鼓励下，石竹武走上再就业之路。他带领12名下岗工人，办起了防火卷闸门公司。

可喜的是公司起步不错，发展也很快。

1998年春节，石竹武领着20多名曾经下岗现在和他一起创业的工友们，敲锣打鼓给吴天祥拜年，将一块由百岁老人端木梦锡亲笔书写的"人民公仆、时代楷模吴天祥"的精制匾牌，送到吴天祥手中。他说:"我欠天祥的情，一辈子都还不清。我要像天祥那样做人。"

1999年春节，石竹武再次带着工友给吴天祥拜年，送去的匾牌上写着"下岗工人的贴心人"。

吴天祥关心着石竹武的成长，关注着工厂的命运。

"你现在不是求饭吃，而是求发展，快发展，要走科技兴厂之路。"

石竹武按照吴天祥的要求，在党校读本科，充实自己，提高自己。

企业已招进了 3 名大学生，参与管理。

如今，企业红红火火，蒸蒸日上，成为全省同行业资质最全、产品种类最多、销量最大的企业，产值近 2000 万元。

更可喜的是，在石竹武身上，产生了"天祥效应"。

"多安排一个下岗工人就业，就多稳定了一个家庭。"石竹武把吴天祥的话落实在行动中。全厂职工 121 人，下岗工人 88 人，占 70% 以上。

"要像吴天祥那样关心下岗工人。"他在坚持制度建厂的前提下，实行了亲情管理。职工上下班有交通车接送，吃饭、看病全免费。

职工家里遇到困难，他上门慰问，给予资助。

有一年春节，石竹武听说下岗工人王四快资金短缺，送去 5000 元。

他还资助了 3 名特困大学生。

如今，不但石竹武自己，就连以前说他这样做"傻"的妻子，也跟着他一起变"傻"了。

"我希望自己能以身作则，让我的儿子一辈子像吴天祥那样做人。"这是石竹武平生最大的愿望。

→ "我是您的儿子"

★★★★★

"我是您的儿子！"这是吴天祥对孤寡老人的心声。

吴天祥把孤寡老人当作自己的父母。

每年春节，吴天祥都要到区社会福利院，给那里的孤寡老人拜年，尽尽孝心。

此外，吴天祥还长期关照孤寡老人 20 多名，经常上门看望，精心照料，养老送终。

平日，吴天祥给他们送去时令食品。

春节，吴天祥和他们一起吃团圆饭。

盛夏，吴天祥给他们送去降温品。

寒冬，吴天祥给他们送去取暖品。

生病了，吴天祥送他们上医院。

遇难事，吴天祥随叫随到排忧解难。

吴天祥虽不是他们的亲儿子，却比亲儿子还要亲，还要孝敬。

2003 年 6 月 1 日下午，吴天祥提着粽子和水果，到湖北咸宁得胜桥看望孤老杨太婆。

杨太婆正要洗脚，吴天祥不说二话，拿起毛巾，帮她洗起脚来。

杨太婆从吴天祥手里夺下毛巾，说："这是儿女做的事，你是区里领导，帮我洗脚，我怎么当得起啊！"

吴天祥从太婆手中抢过毛巾，边为她洗脚边说："您已是 80 多岁的老人了，没有儿女，我就是您的儿子，为您洗脚怎么不应该！"

老人流泪了。

2003 年 4 月的一天，有人告诉吴天祥，得胜桥 84 号的孤寡老人刘秀英，至今还未用上电，过年时也只点蜡烛。

吴天祥当晚就来到刘秀英家一看，果然如此，她还在木板房里烧柴做饭，万一失火了怎么得了啊！

第二天，吴天祥请来电工为她接通了电，装了两盏电灯，还买来了彩电和煤。

"以后，我每月负责交水电费、房租费。"吴天祥说。

老人不认识吴天祥，问道："你是谁？"

吴天祥说："我是您的儿子！"

老人情不自禁地抱住吴天祥，流着热泪说："没料到快入土的人了，还遇到这样好的儿子，真是今生有福啊！"

咸宁得胜桥 80 多岁的盲人周济珍，身边只有失声的孙女、孙女婿，也是吴天祥认的一门"穷亲戚"。

前几年，老人家里遭火灾烧了个精光。在吴天祥和社会的资助下，盖了新房。

逢年过节，吴天祥都要上门看望她。

一次，她用手在吴天祥脸上反复摸，说："我虽然看不见你的长相，但能摸出你的模样，我要把你的眉眼永远记在心里。"

2004 年 1 月 29 日，农历正月初七。吴天祥陪 88 岁的周济珍度了春节假日的最后一天。

老人听到有人来的脚步声，就迎了出来。"婆婆，我给您拜年来了！"吴天祥亲切地说。

像往日一样，老人抬起手轻轻地在吴天祥脸上抚摸，从头发一直摸到下巴。摸完后，笑着说："真的是天祥，我知道你今天会来的！"

吴天祥给老人带来了她爱吃的小零食，老人却没尝。"婆婆，您想吃什么？"

稍停了一会儿，老人在吴天祥耳边小声说："我想吃蒸肉，想得很！"

"您等着，我这就去弄。"吴天祥出了门。

这一碗蒸肉把吴天祥难住了。许多餐馆春节放假没开张，开了门的餐馆又不卖蒸肉。他跑了大半天毫无结果。

这怎么办呢？吴天祥正在着急的时候，一家小餐馆的老板认出了他。得知吴天祥的来意，老板二话没说，现做了一碗蒸肉，还执意不肯收钱。吴天祥接过蒸肉，放下钱就快步朝老人的家奔去。

当热气腾腾的蒸肉送到老人面前时，老人紧紧攥住吴天祥的手，哽咽着说道："伢，我也就是说说啊，你怎么就真去买了？你也这么大年纪了，大冬天在外面跑，冷啊！"

哪知道，这竟是老人最后一次吃蒸肉。吴天祥满足了老人的要求，没有留下遗憾。

不几天，老人就辞世了。老人在弥留之际，就是不断气不闭眼。她用微弱的声音不断地呼唤着吴天祥的名字，并对守在身边的人说："要天祥来，他是我儿子。"

吴天祥来到老人床边，紧紧握住老人的双手，不到十分钟，老人就安详地闭上了眼。

吴天祥为老人送了终，又以儿子的名义为她立了碑。

吴天祥以儿子的名义，已先后为6名孤寡老人送终立碑。

有人对吴天祥在墓碑上落款"儿子吴天祥"不理解，问他："你这么大年纪了，又是堂堂区领导，怎么能当这些孤老的儿子？"

吴天祥说："党和国家领导人都说自己是人民的儿子，我为什么不能？不能当人民儿子的人，不配做共产党员！"

吴天祥还说："一定要永远当人民的儿子，一辈子勤勤恳恳地孝敬我们的父母——伟大的人民群众。"

→ 谢绝"谢礼"

★★★★★

　　"反腐倡廉，不严格要求自己不行。通往腐败的路有很多条，但通往清正廉洁的路只有一条，这一条路就是严格要求自己。"吴天祥这样说道。

　　吴天祥严以律己，点滴不沾，面对着金钱、利益的考验，他固守着共产党人的精神家园。

　　商家请他销售产品给回扣，他坚决不干。

　　2001年10月的一天中午，一家民营企业的老板为感谢吴天祥帮他联系了一笔业务，悄悄送来1万元钱。

　　"我是以发展民营企业为目的帮你联系业务的，绝不会要你半点好处，还是那句话，收你一分钱，我就不值一分钱。"吴天祥态度严肃地说。

　　2003年7月，一个老乡从上海给吴天祥打来电话，要他帮忙将其产品在武汉打开销路，一月给他报酬5000元，他当即回绝："我只给繁荣市场经济出力，不给私人老板打工。"

　　借权力拉关系，走不正当的渠道，这与吴天祥的一身正气是水火不容的。

　　2001年底，老家几个施工队的负责人来找吴天祥，拍着提包说：只要帮他们联系承包工程，好处肯定少不了。

　　吴天祥毫不客气地批评了他们。他们不死心地说，这仅是我们之间的事，绝无第三者知道。

吴天祥说："我是共产党员，要讲党性，越是别人不知道的事越不能干，我的每一个行动都要经得起党的考验，历史的检验。"

2003年9月3日，一建筑公司老板找到吴天祥，开门见山地说："凭你的身份和名气，接工程没问题。接一笔工程的报酬至少2万元。"

"这样的事，我不会干！"吴天祥的态度十分果断。

一次，某旅游部门业务员找吴天祥，请他帮助协调全区中小学生到他们那儿旅游，边说边掏出3000元中介费。

吴天祥摆摆手，让他把钱收回去。

吴天祥对来人说："能办的事，我一定会办，而且抓紧办；不能办的事，我就不办，给我再多好处，我也要坚持这个原则。"

不但如此，吴天祥有功也不受禄。

"知恩图报"是中国人的传统美德。当一些下岗职工和"穷亲戚"在吴天祥的资助下一个个脱贫致富，当一些有困难的群众在吴天祥的帮助下一个个摆脱困境，谁不怀着对他的感激之情呢？他们纷纷给吴天祥送来"谢礼"，但这些"谢礼"却被他一一谢绝了。

下岗职工石竹武，办厂发了财，出国回来时，给吴天祥带了一块价值1万多元的瑞士手表，他没有接受；

中南路街的徐彬老人，在吴天祥帮助下，办起了电话亭，解决了一家人的生计问题。春节前，老人托人送来一袋水果。吴天祥回家后发现袋子里面还有2万元钱，便立即骑车送了回去，但老人坚持不收，他只好用老人的名字到银行开户存上这笔钱。存钱时，银行工作人员发现其中有250元伪钞，予以没收，他便自掏腰包为老人凑了个整数；

水果湖街的居民袁师傅，为感谢吴天祥帮其儿子安排了工作，送来1万元钱，并说，这事任何人都不晓得。吴天祥则认为：党性晓得，党纪晓得，共产党人的正气晓得。

每逢年节，吴天祥及家里人都会收到一些"谢礼"，他们都一一退了回去，实在退不了的，就照价付款。

2003年11月的一天，在上班的途中，吴天祥被葛师傅拦住，送他一套暗里量好尺寸的新衣。吴天祥将葛师傅引到办公室，先给了他 500 元，然后才收下这套衣服。

吴天祥在照顾孤老王爹爹的 10 多年里，像亲儿子一样孝敬。20 多次背老人上医院，大便不通就用手去抠。

王爹爹病重住院，吴天祥拿出 1 万多元，为他支付了医疗费。

王爹爹病危时，将自己房子的住房证交到吴天祥手里，嘱托一切后事由吴天祥办理。

吴天祥以儿子的身份安葬了老人，并以儿子的名义立了碑。

吴天祥接受了王爹爹的这份遗产。

但他将房子无偿地给困难户居住。

2002 年下半年，该房屋拆迁，开发部门一次性给他 3.3 万元。吴天祥将 2 万元存到区信访办，作为帮助上访困难户解难的资金，剩下的钱作为扶贫资金，解决下岗特困户的困难。

1997 年，吴天祥收到一封来自美国的越洋求助信。

寄信人是美籍华人班太太。信中说，她在武昌首义路三巷有 80 平方米的私房，有人趁她在国外侵占了她的部分房产，无偿居住了近 30 年，希望吴天祥为她主持公道。

吴天祥通过法律程序，为班太太收回了房子。

为表示感谢，班太太两次从美国寄来 2000 美金，吴天祥都退了回去。

吴天祥的诚意和人格感动了年已八旬的老太太。2000 年，身体不太好的班太太立下遗嘱，将首义三巷的房产全部交给吴天祥，并将房产证、土地证、中国驻洛杉矶领事馆的有关证明，都交给了吴天祥。

她信得过吴天祥，吴天祥怎么处置她都高兴。

吴天祥经过深思熟虑，并得到班太太的赞同，将此房捐赠给了首义路街敬老院。

吴天祥关爱的春风越洋万里飞到了身在异国的同胞身边，又把这种关爱回报的春雨洒向祖国的亲人，这不正是一曲爱的赞歌吗？

然而，当自己病了，当四方关爱之手向自己伸来的时候，吴天祥又会是怎样对待呢？

吴天祥先后两次住院。许多同事到医院看望慰问，送了一些营养品，还有营养费。

营养品，一部分送给了住院的群众，一部分送给了他的"穷亲戚"。

营养费，能退的退给了送者，实在退不掉的就资助了困难群众。

2002年初，吴天祥头昏、呕吐，被组织和家里强行"抬"进了医院。这次收到6000多元的营养费，他本想全部退还，可费尽口舌，只退了一小部分，他便把剩余的钱全部用来资助上访的困难群众。

2004年夏，组织上再次强行把吴天祥送进医院。在他住院动手术的两个多月里，收到各级各界送的营养费15600元，他分文未动，全部捐给了27户困难群众。

奖金、奖品是国家、政府对吴天祥事迹的肯定和彰显，但他却把自己所得的奖金、奖品，转手送了出去。

全国劳模的奖金5000元，吴天祥送给了武昌实验中学，作为扶助特困生助学基金。

全国优秀党员的奖金5000元，吴天祥送给了五户特困户。

吴天祥获省市各种先进所得的奖金和奖品，全部送给了他的"穷亲戚"。

省市总工会送给吴天祥的电视机、冰箱、空调等，他都送给了特困群众。

情意领了，享受让了，钱物送了，吴天祥就是这样彰显了共产党员的高风亮节。他对待别人和对待自己完全是两个标准，但有一条是不变的，那就是对群众的一颗赤诚之心。

感恩是一种幸福

从退居二线到彻底退休，被评选为"全国道德模范""新中国100位感动中国人物"，吴天祥时刻牢记全心全意为人民服务的宗旨，只要有利于党和人民利益的事都认真去做。

近些年来，他继续坚持串百家门、知百家情、暖万人心，帮助了无数有困难的人渡过难关，人们视他为亲人。

他坚守着清正廉洁，拒绝吃请，拒收礼品，淡泊名利，继续用自己的实际行动诠释着一个共产党员的品格。

"13亿人的感恩与爱心，是一个富矿，但要靠我们共产党人来带领大家发掘。"吴天祥说，"我们干部都是人民的儿子，应该好好地为人民谋利益。因为从我们入党的那一天起，便肩负着百姓的希望，接受了党的嘱托。"

从武昌区副区长的位置退居二线开始，吴天祥，依然每天坚持清晨6点起床，早早地赶到政府接待室走走看看，遇到有上访的群众，他耐心接待他们，并千方百计地出面协调，力所能及地解决群众困难。没有群众来访，他就回到自己的办公室，收集信息，整理资料，继续帮助那些需要帮助的人。

→ "星星"相惜

★★★★★

2011年8月，他从《楚天都市报》看到，全国农林科技推广工作先进个人、"棉花奶奶"李文英退休后，继续留在湖北农村，无偿地为农民提供科技服务 20 多年的事迹后，兴奋不已，"星星"相惜之情油然而生。

在经过一夜的彻夜不眠之后，吴天祥第二天就从武汉赶到 300 多公里外的湖北宜昌，专程前往学习取经，并表达自己的敬意。

李文英 1957 年从华中农业大学毕业后，就一直呆在湖北宜昌、枝江的农业战线工作。上世纪 80 年代，她埋首农场 10 年，成功选育出棉花抗枯萎病新品种——"鄂枝 3 号"。这一新品种通过了省部级鉴定后，很快得到推广，使成千上万的棉农一亩棉花增收 30% 以上。此后她被授予"全国农林科技推广工作先进个人"称号。

1990 年 4 月，这位高级农艺师从枝江市农技推广中心退休后，选择了继续留在农村，无偿地为农民提供科技服务。

20 多年间，每个月只有 1600 多元退休工资的李文英自己补贴 10 万多元，先后为农民义务举办百余场技术讲座，联系农户 400 余户，指导棉农生产 1200 多亩，被当地群众尊称为"农民义工"。

每年 6 月到 9 月，棉花生长的关键期，李文英都会早早出门，来到农民种棉的田间地头，无偿为他们服务。她随身除了两瓶水、几个馒头、一双胶靴，还有记事本和捎带给乡亲的农药、微型肥料……

吴天祥专程前往宜昌看望李文英，没有惊动他人。

8 月 4 日早上 5 点钟，他带着木耳和茶叶，独自一人赶往武昌傅家坡车站，搭乘长途大巴赶往宜昌。

下车后，他为李文英买了一束鲜花。赶到李文英家时，已是中午 12 点多。

吴天祥详细地询问了李文英的身体情况，了解了她为农民服务的细节。听李文英说，她身体很好，前天还在乡下农户的田地里转悠，吴天祥感到由衷地高兴。

"您是我学习的榜样。"吴天祥对 78 岁的李文英说，"您退休 20 多年，坚持为'三农'服务，持之以恒的精神很让人感动，没有崇高的思想境界，难以做到，看了《楚天都市报》对您的报道，我流下了眼泪，您太不简单了，您将党和人民给您的知识，全部奉献给了人民和社会，您将知识变成了人类的财富。"

"信念让人生命不息，工作不止，而工作则可让人健康长寿。"他说，"李文英不简单，她不停歇地工作靠的是对党的事业有坚定的信念。她现在住的两居室很简陋，平时连荤菜都很少吃，下田总是自带馒头和水，从不吃老百姓的请。"

生命不息，帮人不止

★★★★★

实际上，退休以来，吴天祥一天也没有闲过。

按照常规60岁退休，吴天祥2004年就应该退休了。但根据他本人的意愿和工作的要求，武昌区政府一直保留着他的办公室，他依然每天6点多钟就起床，前往政府办公大楼报到。遇到政府接待室有群众来访，他总是全权接访，最大限度地满足来访群众的要求。

接待室没人来访时，他就回到自己的办公室，收集信息，整理资料，寻找帮扶对象。

2007年，吴天祥获评"全国道德模范"。胡锦涛总书记接见他时，对他说："当好人难啊，我希望你把这个先进当好！"

吴天祥暗自下决心：我就是要把这个难攻克下来。

2008年，武昌区领导找他进行退休谈话时，他借此表明心迹：退休只是职务退了，我的思想不能退，我还要继续做信访接待工作，继续当人民公仆，职务退了，但我共产党员的身份没有变，做一名好共产党员，是我一生最大的荣耀。

他每天早上6点赶到武昌政府信访接待室，接待市民上访，曾写了3000多份公开信。他不用手机，但对老百姓公开家里的电话。

有一次，20多名农民工到他家反映半年没发工资，老板跑了，眼看要过年了，没钱回去。吴天祥在家请他们吃饭，还让老婆和孩子到亲戚朋友家住，腾出地方安排这些农民工住。

"虽然我退休了，但居民遇到困难还是可以找我，我愿意帮你们协调。"吴天祥一字一句地说，并且再次公布家里的座机号码，欢迎大家拨打。

2010年4月，全国遭遇大旱。湖北咸宁嘉鱼县潘家湾的菜农周绪传和父亲找到吴天祥，向他哭诉了自己和村民的遭遇：18亩包菜，总共十多万斤，低价也卖不出去，全村的菜农都要破产了。

"吴区长，您认识的人多，一定要帮我们想想办法呀！"周绪传说着说着就掉泪了。

吴天祥眼圈也红了："好吧，我出1万块钱买你3万斤包菜！"

一位谭姓企业家在了解到此事后，对吴天祥说："你拿退休金的人，能有多少钱啊？我来帮您。"

随后，他拿出10万元购买了潘家湾的包菜。

接着，又有几位企业家站出来帮吴天祥分忧。

5天后，武昌区400户家庭困难户和数万社区市民，都领到了来自嘉鱼的免费"爱心包菜"。

河南老家遭遇干旱，小麦可能绝收。

2011年2月，在武昌南湖一工地打工的河南兰考县农民工王书林找到吴天祥，求助说"今年春节，我回家发现，家乡大片小麦地遭遇旱情，面临绝收。"

"俺老家里5个月没有下雨了，您能不能救救我！"这位40多岁的农民工说，"我在武汉打了4年工，家中7亩小麦一旦绝收，我的6口之家将没了口粮。"

"咋救你？"吴天祥也着急起来。

"我想打一口机井抽地下水灌溉，但资金不够。"王书林说，"虽然在武汉打工多年，但我家里6口人，有3个残疾人，所以一年下来，几乎没有积蓄。"

"钱能解决的问题，不是问题。"吴天祥慨然应诺帮忙。

几天以后，吴天祥筹集了2万多元交给王书林，让他赶紧回去打井。

半个月后，吴天祥又亲自坐火车赶到河南兰考南彰镇蒋庄村王书林家。

听说这里打井要打到40米到60米深才能出水，第一口井还需3天打完，吴天祥就寻了一个每天只要15元的旅社住下，扎扎实实在当地呆了三天，直到第一口井打出水来。

当他听南彰镇镇长许家书说一口井可以解决50亩地的灌溉时，吴天祥陷入了深思。

他几次询问村干部，需要打多少口井才能一劳永逸地解决当地抗旱的问题。

"我是一个外来农民工，但他很热情地接待了我。武汉人太好了。"王书林说，吴天祥让他很感动。

回到武汉后，吴天祥收到一封来自兰考的信。信里有张照片，拍的就是那口井，井旁立有一块碑，碑上写着五个大字："武汉好人井"。

2011年7月，吴天祥参加中组部在延安干部学院召开的一次会议，学院负责人向吴天祥吐苦水：学院对口扶贫单位延安市枣园镇的狗头枣今年严重滞销，想请吴天祥在湖北帮延安的枣农推销大红枣。

回到武汉后，时刻牵挂延安枣农的吴天祥专程调查了本地市场。

"像延安狗头枣那么好的红枣，武汉市场上还真不多见。这种枣价格适中，5斤100多元。"吴天祥来到《楚天金报》，非常诚恳地说："金报能否帮忙牵线搭桥，帮延安枣农分分忧？"他一边说，一边留下了延安当地联系人的电话。

金报记者当下致电延安市枣园镇负责狗头枣销售的经理贺小东，了解到了狗头枣的生产经营情况。

原来，枣园镇位于黄河边，毛泽东、周恩来等老一辈无产阶级革命家都曾在此战斗生活过。黄土地、黄河水，都很适合红枣生长，狗头枣皮薄肉厚、甘甜可口、营养丰富，枣园镇也因而被誉为"红色枣乡"。

这个镇共有农业人口8000多人，家家户户以种枣为生。

"今年我们公司收购了700多吨狗头枣，目前已卖了500多吨，还库存100多吨销不出去，真担心影响村民的收入。"贺小东说，在红枣收购上，企业一般先付给农民30%的收购款，待枣子卖出去之后，再把剩余70%的收购款项交给农户。

为了帮延安的父老乡亲渡过难关，金报很快把吴天祥委托金报"卖枣"的消息在报上向社会广而告知，然后联络了本地超市。

10 天之后，延安爱心枣正式登陆武汉中百仓储 5 家门店。

吴天祥亲自来到中百仓储水果湖店，拿起电喇叭，现场吆喝："朋友们，我是吴天祥，我今天特地来推荐延安大红枣。"

超市的顾客循声望去，纷纷聚拢到吴天祥身边。

吴天祥微笑着一边和围观的顾客点头、握手，一边请他们品尝、购买延安红枣。

省直机关退休干部谢婆婆挑了满满一袋红枣，足足有 5 斤多，她说："我前不久去延安旅游，就爱吃这狗头枣，没想到今天中百仓储就开始卖了，所以要多买点。"

有一位 70 多岁的王爹爹，称自己是特地来买枣的。他说："看了金报，说是为延安枣农解困，专程来买一点，也算是助绵薄之力。"

……由于买红枣的人太多，提着一个空菜篮子的陈婆婆，挤了半天才靠近红枣筐。"我们家都喜欢吃红枣，我在金报上看到中百仓储买回了延安的狗头枣，就想来尝尝鲜，没想到有这么多人抢着买。"

看到这么多武汉市民都在抢购延安狗头枣时，从延安专程来武汉卖枣的贺小东非常感动，他也拿起麦克风，当起推销员，向市民推荐家乡的红枣："延安红枣形像狗头，所以称为狗头枣，皮薄肉甜，营养丰富。您买回家，至少可以存放四个月。"

中百仓储 5 家门店，已经售出延安红枣 5000 公斤。

"感谢《楚天金报》及时伸出援手，刊登报道，让武汉市民知道延安枣农的困境，感谢中百仓储前往延安购买红枣，为延安枣农分忧。"吴天祥和贺小东并排而立，笑容满面。

"你们为延安枣农做了件大好事。"拉着金报记者的手，吴天祥感恩地说。

→ 与服刑人员建立互信

★★★★★

2000 年，笔者和吴天祥一道，被湖北省监狱管理局聘请为特约联络员。

从那年开始，吴天祥几乎年年前往湖北各地的监狱管理机构，和正在服刑的人员促膝谈心，交朋友，给他们送去温暖，化解他们的心结，解决他们无法解决的难题。

近几年来，受到吴天祥帮教的服刑人员达 2000 多人，100 多名刑满释放人员在他的帮助下找到了工作。

"吴天祥一次次到监狱看望我们，不但让我感到了党和国家没有忘记我们，也让我们感受到亲人的温暖。"武昌青年冯进说，他在监狱改造时，吴天祥就多次来看望他，鼓励他认真学法律、学知识、学技术。吴天祥回到武汉后，还多次来信教育他要脚踏实地，使他进步很快，多次获得减刑。

2011 年春节，冯进通过减刑重新回到社会后，身无分文。既没有工作，也没有住处，就连吃饭也成了问题，曾一度对社会、对亲人、对自己感到失望。

吴天祥知道后，亲自跑到冯进所在的社区，长时间陪他交心谈心，并送去了过节用的钱物。

深受感动的街坊邻居也热情送来了衣服、被子和食品，让他过了一个难忘的春节。

如今，已经在一家建筑企业上班的冯进，只要听说吴天祥要前往监狱看望服刑人员都一同前往，并用自己的现身说法，教育鼓励狱友，脚踏实地，认真改造，重新做人。

"我每年马不停蹄地跑看守所、监狱\劳改农场，看望服刑犯人，除了教育、感化他们以外，更重要的是建立一种互信，让他们在互信中完善自己的人格。"吴天祥说，"在长期的交往中，服刑人员对我的信任与感恩，带给了我无穷的快乐。"

2004年6月23日晚，吴天祥突然接到一个看守所来的电话，对方称一个即将被枪毙的罪犯想见他。

两天之后，吴天祥来到这个看守所，见到了戴手铐套脚镣的褚姓罪犯。褚姓罪犯抱着吴天祥痛哭，并递给他一张遗书：

"我是一个走错了路、行将被押上法场的罪人，我妻因贩毒，在去年被判死刑，我们都是罪有应得。但我最放心不下的是我的一双儿女。因为贩毒，我把家里的亲戚朋友得罪光了，他们也是贫困家庭，我真不知道以后我的孩子们怎么生活，这是我现在最大的心病。因为贩毒、吸毒，家里现在是家徒四壁、家产败光，我死后孩子们该怎么办，我现在是日夜寝食难安，死后也难于闭眼。"

"尊敬的吴区长，我早知道您是个大好人、大善人，是共产党的好干部，我家一双儿女，只能拜托给您了，求您把他们抚养成人，让他们千万不要走我们的路，要像您一样做一个对社会有用的人。"

"给您磕头了，这是一个行将就死的人的最后请求，拜托了！"

看完这封遗书，吴天祥内心久久不能平静："一个素昧平生的老百姓如此信任自己，是我一生蛮大的荣耀。"

吴天祥毅然接受了这托孤重任："请你放心，安安心心地走，我会把他们当自己的亲生孩子对待。"

吴天祥担负起了照料这姐弟俩的重任。他经常前往看望他们，平时总是嘘寒问暖，送衣服、鞋子、学习用品等，天冷了，还专门给他们买羊肉改善生活。

　　不仅从物质上关照，吴天祥还很关心他们的心灵健康。

　　2010 年，吴天祥得知，姐弟俩中处于青春期的弟弟有些逆反心理，对长辈和老师的教育经常有抵触情绪。

　　吴天祥赶紧抽空跟他聊天、谈心。在被派到延安革命教育基地学习时，吴天祥还特意自费把他带去接受教育。

　　由于是头一次坐飞机，头一次去革命圣地参观，这位少年对所见所闻有着深刻印象和感触，回来后像变了个人似的，懂事了很多。

　　在这姐弟俩眼里，吴天祥就是自家慈祥的爷爷，他有什么好消息，都会第一个告诉吴天祥。"吴爷爷，我被评为三好学生了，老师表扬了我！"听到这样的喜讯，吴天祥会喜到心坎上。

　　2010 年 8 月，他收到中国国家博物馆馆长吕章申署名的第 238 号收藏证书，被告知，包括这封托孤遗书在内，吴天祥所有的 5 件物品被中国国家博物馆收藏。

　　因充分信任而被托孤的现象，在吴天祥身上并不止这一次。

　　中国国家博物馆还收藏了有关吴天祥的另一件托孤信。

　　那是一名患癌症的老人，在儿子、儿媳遭遇车祸罹难后，写信将自己 12 岁的孙女媛媛托付给吴天祥。

　　从那以后，吴天祥就把媛媛当亲孙女对待，资助她读书，把她培养成人，甚至关心她的终身大事。每年清明，他都会领着媛媛到她父母的墓前扫墓。

　　对他所做的这些，吴天祥都认为是理所当然的，因为在他心中，"作为一名共产党员，最大的荣耀一不是自己当了多大的官，二不是手中有多大的权，最大的荣耀就是老百姓的信赖"。

→ 帮扶"穷亲戚"

★★★★★

在武汉工作的40多年中，吴天祥结下了300多名"穷亲戚"。

几十年如一日，吴天祥对这些"穷亲戚"不离不弃，常年保持着来往。只要听说他们有困难，吴天祥都会千方百计地帮助他们。

退休以后，吴天祥最放心不下的，就是这些"穷亲戚"。

在大别山区湖北黄冈养猪的黄存凤，是吴天祥的几百个"穷亲戚"之一。

1995年，黄存凤在武汉下岗后生活没着落，吴天祥以自家房子为抵押，帮她贷款到黄冈养猪。

后来在一次电话聊天中，吴天祥听黄存凤说连续9个春节没和家人一起过，就记在了心上。

2005年腊月二十九，吴天祥只身乘车赶到了离武汉100多里外的黄冈，抢过黄存凤手中的饲料桶，将她推上了回武汉的汽车，自己在大别山区守了4天猪圈。

在这 4 天中，他帮黄存凤清出 5 车猪粪，每天冲洗猪圈，饲喂 100 多头猪，被当地人夸为农村"好把式"。

除夕那天，黄存凤为吴天祥准备的腊鱼、腊肉和一只老母鸡，他一口没吃，只吃了些白菜和馒头。"老黄养了一年都舍不得吃的鸡，让我吃，我张不开嘴。"

从那以后，吴天祥几乎每年春节都只身在大别山区黄存凤的猪场度过。

连续 5 年春节帮自己养猪，且不收分文报酬，黄存凤实在过意不去。

2011 年底，还不到腊月二十九，黄存凤就打来电话说："今年您就在家好好休息吧，在您的帮助下，我的猪已经卖完了，价格也很好。我正准备回武汉给您拜年呢。"

从 1990 年到现在，吴天祥 20 多年没有一个除夕是在自己家过的。

2012 年春节，吴天祥虽然不用去大别山过年了，但依然闲不住。

他与自己的帮扶对象——在武汉市江夏种香菇的周爱华联系，听到周爱华在电话那头说出了自己难处：目前正值香菇采摘时间，可余又财的妻子生病，他赶回了家，仅留下她一人采摘，"这么多的香菇不及时摘掉，就会烂掉，损失惨重"。

余又财和周爱华是两名下岗工人。几年前拿着吴天祥资助的 3 万元钱，在江夏搞起了香菇种植。

吴天祥坐不住了，带着志愿者冯胜斌等很快赶到几十里远的江夏。

从腊月二十九开始，到正月初二，吴天祥等人每天早起晚归，用 3 天时间帮周爱华采摘了 2000 多斤香菇，解了这两名"穷亲戚"的燃眉之急。

正月初三，吴天祥又从江夏赶回武昌给 20 多名"穷亲戚"拜年。

在张德文家，他兴冲冲地拿出退休证和医保证，高兴地对吴天祥说："你帮我解决了这些问题，今年过年我很开心。"

家住白沙洲街堤后街的杨玉娟夫妻俩下岗后，吴天祥发现她家后面有片树林，资助她 2000 元养鸡。当看到她已养了两千多只鸡时，吴天祥鼓励她争取扩大规模……

给"穷亲戚"拜年，是吴天祥坚持了30多年的传统。

吴天祥说，受到过我帮助的这些"亲戚"，他们对我非常客气，总怕麻烦我。平时打电话问他们有没有什么困难，他们总是不说。只有在春节的时候到他们家走一走，谁还有困难，一看便知。

其实，也有主动向吴天祥说实情的。

"我们听说您退休了，心情十分焦急，我们村民都离不开您，所以联名强烈要求您能继续在我们村帮我们扶贫，做我们的贴心人，做我们的致富带头人。另外还有一个非分之想，希望您吴区长能到我们村里来当扶贫书记。这是我们村全体村民的共同心愿啊。"

在这封落款为"浮山村全体村民"的"请求信"上，摁满了鲜红的手印。

吴天祥任武昌区副区长时曾分管扶贫工作，很关心定点扶贫单位江夏区湖泗镇浮山村的建设，在这里结识了很多"穷亲戚"。

有一年春节，吴天祥在浮山村村支部住下来，跟村民一起过年，他挨家挨户拜访村民。

当来到一个特困家庭时，眼睛不好使的女主人听说吴天祥来了，当即激动得跪下并放声哭着。后来她回忆说，"吴天祥来了，感到心里蛮暖和，情不自禁地哭起来"。

种香菇的周爱华也在这个村。

吴天祥大过年地跑来帮周爱华收香菇，在浮山村早已传为佳话。

村民在信中动情地说："您几年来如一日，时刻心系浮山村，多次坐长途汽车带领我们村民到外地学习考察，连湖南都去了，帮我们寻找致富项目，开阔了我们的眼界。带领我们种香菇、养白鹅，当我们的西瓜卖不出去时，您急村民所急，想村民所想，帮我们村民销售西瓜。"

吴天祥说，这封"请求信"让他很感动，他会把这个不挂名的"扶贫书记"一直做下去。2010年，在他的帮助下，村里又开了40亩精养鱼塘，今年，他张罗着要在村里办一个养鸡场……

村民们没有想到的是，他们写给吴天祥的这封摁满红手印的信，已被中国国家博物馆正式收藏。

吴天祥的故事道不尽，写不完。

300多位"穷亲戚"，每个提起吴天祥，都能说上几天几夜。

"我是何家垴社区的残疾大学生何志雄，因为到处找工作，投了200多份简历也没有单位接收，是吴天祥伯伯经常支持我；现看见我创业阶段很困难，他又大力支持和资助我两万元。我一定以实际行动来报答吴伯伯和回报社会。"

这封写于2008年1月5日的简短信，包含着吴天祥对何志雄慈父般的厚爱。

何志雄2006年毕业于武汉纺织大学，虽然获得电子信息、信息管理双学士学位，但因他患有脑瘫，在半年求职生涯中频频碰壁；父亲早已去世，母亲下岗，家人一点忙也帮不上。

就在何志雄几尽绝望时，认识了吴天祥。

吴天祥像一位慈祥的长辈劝慰他："现在健康的大学生都不好就业，你更要身残志坚，振奋精神。"

之后，他参加了武汉市残联举办的创业培训，结业时，何志雄想挑战自己，选择自己当老板。

当年8月，他利用专长开了家电脑维修店，起初没有客源，他就印了2000份传单，找到附近一家报纸发行站，叫人家以每张两分钱的价格把宣传单夹进去。

这招果然吸引了不少客户。

见很多客户嫌维修电脑搬着麻烦，他还搞起上门服务，经常忙到三更半夜才回家。因为技术过硬和诚信经营，他小店的生意越来越好。

为长远发展，何志雄成立了公司，并开了分店，吸纳残障人士就业，但面临资金瓶颈，又是吴天祥帮了他，自掏腰包2万元进行资助，并对他说"吴伯伯不要你还"。

何志雄大受鼓舞，努力经营，如今他的分店开了十多家，公司平均每年都有接近10万元的纯收入，还跨进职业教育领域。

年过七旬的徐斌老太婆丈夫早亡，两个儿子长年瘫痪，一家人的生存遇到了前所未有的困难。吴天祥知道后，帮她在武昌最繁华的地段申办了一个电话亭，解决了她一家的生计。

有一年春节前，老人托人送来一袋水果，吴天祥回家发现袋子里还有两万元钱，便立即骑车把钱送了回去，并带老人到银行，以老人的名义存了起来。

当银行工作人员验钱发现其中有250元伪钞，吴天祥又赶紧掏腰包为老人凑了个整数。这年春节，老人在电话亭贴了一副对联："感谢共产党恩德高于天，感谢好公仆对我胜亲人。"

下岗多年的王四快已43岁了，因其爱人长期没有工作，户口又在随州，家庭生活非常困难。他打算在随州办一个煤厂，但苦于没有资金。

吴天祥知道后，在武汉打听煤厂的出煤、销路等情况，并安排社区同志前往随州进行实地考察。通过调查得知，随州草店是湖北省的香菇种植基地，每年11月份至次年5月份，为保持温度，需要蜂窝煤加温，据估算，这期间需6000万块成煤，市场前景看好。

于是，吴天祥帮他办理了有关执照证件，又以自家房产作担保为其申请了小额贷款，很快帮王四快购了机械，租了场地。

楚山小区孤老刘太婆，生活困难，吴天祥知道后，就去照顾她，帮她买米、买煤、打油。一照顾就是13年，刘太婆非常感激，写下遗书要把她的房子给吴天祥。吴天祥拒绝了。她去世后，吴天祥在太婆墓前立了一块碑，上面写着"母亲刘世英之墓，儿子吴天祥"。

从 2010 年开始，吴天祥的几百名"穷亲戚"，每人都获赠了一份《武汉晚报》。

这是武汉一家企业的董事长甘金华在多年跟随吴天祥捐款救急，帮扶困难户之后，出资倡导的一项"精神扶贫"。

对甘金华这一举动，吴天祥大为赞赏。

他说，一些贫困户生活都很困难，没有条件经常看报，有的对党的方针政策不了解，只能道听途说甚至误解，加之又缺乏科学文化知识和一技之长，生活也就只能过得更加贫困。如果为他们送上一份报纸，打开一扇窗口，他们由此可以看到外面的世界。

过去大家一说起扶贫，首先想到的是送钱送物，这自然重要，但难以实现变"输血"为"造血"的目的。吴天祥说，如果花点钱为贫困户订几份报刊送去，吸引他们从报刊中学科学文化知识和致富技术，让他们通过自身发展摆脱贫困，这样就能起到从"授人以鱼"到"授人以渔"的效果……

作为普通人，吴天祥也有自己的家庭和亲人，可在老百姓和亲人之间，"作为党员只能选择群众"。吴天祥的父亲原本在武汉与他同住，可看到吴天祥的工作太忙，怕影响他的工作，于是留下一张字条就回老家了，结果在老家出了意外，去世几天后才被发现。

吴天祥得知消息后大哭一场。

吴天祥说："作为共产党员，如果只顾自己不顾老百姓就不配！"为了这个信念，他把原本领导给女儿安排在交通银行的工作，让给了一位盲人的女儿；他资助的单亲家庭的孩子上大学钱不够，他就把老家的房子卖掉，供他们念书……

→ 三度谢绝上"春晚"

★★★★★

牛年"春晚"，吴天祥和张云泉、李素芝、曹于亚等 4 位全国道德模范现身中央电视台，一起向全国人民拜年："祝全国人民新春快乐，万事如意！"随后，台湾魔术师表演近景魔术，吴天祥、张云泉客串助手，为全国观众表演橡皮筋魔术。

身边的模范人物出镜向全国人民拜年，让不少湖北网民非常惊讶。

有网友在荆楚网东湖社区发贴说，吴天祥"这人是一个蛮执着的人，真的，在我们很多工作人员眼里，吴区长是个简单、随和甚至有点傻气的老头儿……"

一时间，网友纷纷跟帖，对此进行热议。有人说，他确实是个老实人，一个和气的老头，看不出什么架子；有人说，他处处强调一个党员的觉悟和应有的思想品德素质，记忆特别深刻。"咱们的吴天祥上春晚了，看到吴区长在春晚的那一刻，我的心情是无比地激动！祝福全国人民新春愉快，万事如意！吴天祥，湖北的骄傲！""我也看到他了，湖北的骄傲呀"。"吴天祥：朴实忠厚一心想着人民群众的活雷锋形象"……

收到不少网友纷纷发帖祝福，吴天祥非常感动，"对网友的评价，我一是感动，二是感激，真是应了'人怕出名猪怕壮'这句俗语"。

实际上，在此之前，吴天祥曾三度谢绝上"春晚"。

早在 2009 年 1 月，武昌区政府的同志们就接到了中央文明委的邀请，想请吴区长去参加今年的春晚。

吴天祥得到消息，很坚决地表示不去。

他给出理由有两点：一是自己已经是退休人员，想把这份荣誉让给在一线的、年轻一些的道德模范参加。二是全国道德模范很多，在湖北就有好几个，如很有代表性的桂希恩教授、黄来女等都是优秀模范代表。

再三拒绝之后，中央文明委又几次来电话说，经过认真研究，决定安排有代表性的模范参加，目的就是为了让更多的人学习道德模范，积极争当道德模范。

"拒绝两三次，但中央文明委坚持安排我代表参加，这表明国家对道德建设和精神文明的重视，所以我参加春晚感到很荣幸。"吴天祥说。

自从上了"春晚"后，吴天祥每天接到的困难热线电话比平时多了几倍，每天接访人员也有二三十人了。

他说："我年纪大了，精力不大如从前，这对我是一个考验，但只要有困难的人能找我帮忙，这就是个好事情，为老百姓尽心尽力是我的福气。"

吴天祥这样阐释他的信念："工作量是大了些，但老百姓能信任我这名党员，是我最大的荣耀。如果老百姓遇到困难不找党员干部，这样不好，遇到困难能找到可以能帮助他的人，而自己又能尽力帮上一点忙，这样的生活才有价值有意义。"

退休以后，吴天祥虽然每天到处跑动，其实他满身的病，他身体特别差，好像腿也不怎么灵便了，但他脑子依然好使，记忆力依然不错。

至今他还清晰地记得，当年和他一块上"春晚"的张云泉是江苏泰州的敬业奉献模范，李素芝是西藏的敬业奉献模范，曹于亚是四川广安的孝老爱亲模范。

"我从没见过那么大的场面。"吴天祥说,"春晚"参加演出的人员太多了,不管是彩排还是演出,很多演员都挤在后台候场。"在那些场合,想不和明星们认识都难",而且还有一旁陪伴我们的中央文明委的同志一个劲儿地引荐。

虽然过去好多年了,吴天祥一直保存着和很多明星的合影。

他很享受这次和不少明星的"触电"经历。

当时在现场,一听说吴天祥是来自武汉的全国道德模范,赵本山、冯巩、黄宏等许多演员都跑过来跟他打招呼,说他是他们学习的榜样。赵本山等还拉着他合影留念。

吴天祥一直觉得自己在央视"春晚"上"出镜"与知名主持人董卿不无关系,"我们几个模范坐在前面,董卿走过来说让咱们的模范给全国观众拜个年,后来就上了。"

至于跟刘谦合作魔术,吴天祥觉得这小伙子实在太机灵了,很有灵气。他说:"观众在电视上看见刘谦一只手拿着橡皮筋穿过了我手上的橡皮筋,但是大家在镜头里看不到小伙子另外一只手上在下面做小动作,他手太快了,很多人没发现。"

谈到对"小品王"赵本山的印象,吴天祥觉得他"十分活跃,爱跟人开玩笑""对人很友好"。吴天祥说:"赵本山在后台,见到毛阿敏就说她'越来越年轻',见到宋祖英就称'小英子,今晚看你的了'。"

感恩是一种信仰

如今，吴天祥退休已 9 个年头，但吴天祥的精神发扬光大却并未退潮。

在武汉，以吴天祥名字命名的"吴天祥小组"已发展到 4500 多个，全湖北省的"吴天祥小组"已超过 1 万多个，40 多万名"吴天祥小组"成员，常年活跃在各行各业，各条战线。

从机关到学校，从工厂到社区，从群众组织到社会团体……他们立足岗位，奉献社会，在政府和百姓之间，干部和群众之间架起了一架"连心桥"，成为新形势下发扬党的优良作风，密切联系群众的有效载体。

➡ 发挥集体的力量

★★★★★

1996 年，吴天祥的故事经媒体广泛传播后，武昌区信访办的信访量突然暴涨。

这年 5 月，全国范围的来信来访创下武昌区信访办的历史最高记录，来信来访量比 1995 年同期增长 445%。

这其中，许多来信来访都是冲着吴天祥来的。吴天祥纵有三头六臂，也应付不过来。

怎么才能为吴天祥分担一部分工作，减轻他的压力又让来信来访者满意放心呢?

武昌区信访办的几个年轻人一合计,决定成立一个向吴天祥同志学习的小组,把吴天祥肩上的担子接过来。

于是,全国第一个"吴天祥小组"诞生了。

他们不断增强中心意识、参与意识和服务意识,把学习吴天祥的精神与活动扎扎实实地贯彻到工作中,取得"工作效率高,百姓满意度高"的效果。

过去上访群众说:"要上访,找天祥!"现在他们却说,自从有了吴天祥小组,信访局的干部个个都是"吴天祥"。

群众有口皆碑的"吴天祥小组",很快在武昌区的各条战线、各个机关、街道和社区广泛推广开来。

"天祥所急我亦所急,天样所为我亦所为!"武昌区城建工委组织的"吴天祥小组"率先唱响这一口号,用实际行动为吴天祥分忧,为全区群众解难;

武昌区直机关的干部,每天与吴天祥朝夕相见,吴天祥多年来的所作所为,他们了如指掌。他们开展了十项系列学习活动,提出"要走在学习吴天祥活动的前列";

武昌团区委、商委、房地产公司等单位的"吴天祥小组",把吴天祥多年结下的"穷亲戚"接过来,变成自己的"亲戚","过去吴天祥怎样做,今天他们就怎样做"。

首义路、中华路、紫阳街等街道的"吴天祥小组",把他们各自辖区的全部"特困户"承包下来,像吴天祥那样,给他们一次次送去实实在在的温暖;

武汉二十五中的"吴天祥小组",承包了本校一位患骨癌学生的课业学习,每天送作业去、收作业回,老师每周做一次义务"家教";

黄鹤楼医院的"吴天祥小组",建立了30张"家庭病床",上门送医送药。环卫、公安、市政等部门的"吴天祥小组"，经过艰苦努力，使不少历史遗留难题在短时间内迎刃而解。他们说："该我们干的事，不让吴天祥去干。"

短短的一年时间，武昌区就有430多个单位相继展开，数千名吴天祥人，或成群结队，或独自出行，利用节假日、周末及"8小时之外"时间，走街串巷，服务千家万户。

随后，这一活动先在武汉市、在湖北省全面铺开，"吴天祥小组"如雨后春笋般，在荆楚大地迅速发展壮大。

醉江月饮食服务有限公司吴天祥小组，1999年成立，现有成员80人。这家由下岗职工创办的民营企业，现总资产数千万，有两个酒楼和一家三星级度假村。企业在发展，由总经理担任组长的吴天祥小组也在不断发展，酒店开到哪里，吴天祥小组就建到哪里。7年来，他们开展活动100余次，扶贫捐助资金100多万元，救助困难家庭和下岗职工提供就业岗位数百个。

在武汉市儿童福利院，有600多名孤残儿童。谁来陪伴他们特殊的童年，为孩子们撑起一片爱的绿荫？

1998年，福利院的18名共青团员率先组建吴天祥小组，2000年初，又有保育、医务以及行政3个吴天祥小组相继成立，从院长到职工都行动起来，他们开展"一对一"帮扶活动，让孩子们感受到家庭的温暖和社会的温情；他们不是妈妈、胜似妈妈，一切都为孤残儿童着想，从生活到学习都细心照顾，从身体到心理都关怀备至；他们走出福利院投身社区工作，每月都派出医务人员免费为居民服务，像吴天祥一样满怀爱心、乐于奉献。

1996年，成立的八铺街社区吴天祥小组，如今已发展到267人。孤独老人无依无靠，他们把"爱心铃"装到老人的床头，一旦铃声响起，小组成员便直奔床前；特困居民求助无门，他们把"爱心服务卡"送上门去，真心结对、尽力帮扶。

八铺街一个先天性精神病人与年迈的祖母相依为命，祖母去世后再也无人管束、无人照顾，吴天祥小组立即收养了这个干儿子，5个干妈轮流负责他的生活起居，爱心接力，无微不至！真心构筑"帮扶链"，真情浇灌"结对链"，尽心培育"责任链"，每个成员，都是一道美丽的爱心链环……

一个个吴天祥小组，向群众掏出一颗颗爱心，向社会奉献一片片真情，为身边的人们排忧解难，送去温暖。他们像一点点烛光照亮社会，像一场场春雨润泽民心。有人说，吴天祥是上天派下来帮助穷苦百姓的"活菩萨"，那么，吴天祥小组就是千千万万个菩萨的化身，他们通过这种无私的"情"，传递着一份又一份的爱心……

百姓为他树碑

★★★★★

吴天祥为孤寡老人立碑。百姓则为吴天祥树碑。

提起百姓为吴天祥树碑的事，相当一部分武汉人都知道来北斗。

来北斗是吴天祥最早的"穷亲戚"。

吴天祥曾为帮他解决妻子和两个孩子的户口问题，

跑细了腿；为他办经营证，磨破了嘴；出资给他做本钱，操尽了心。

后来，紫阳房管所"吴天祥小组"接过吴天祥的这位"穷亲戚"，为吴天祥分忧，帮来北斗解难。他们资助来北斗两个女儿读书，把旧房改建成新居。

正当来北斗家的日子越过越好的时候，不幸又降临到来北斗的头上：他患了肝癌，已到晚期。

来北斗得知自己将不久于人世时，躺在床上对妻子说："没有共产党培养的吴天祥这样的好干部和吴天祥小组，就没有我家的今天。我要为共产党树碑！为吴天祥树碑！"

这是来北斗唯一的遗愿。他虽向妻子做了交待，但还是有些不放心，决定亲自去落实。

石碑作坊距来北斗家不远。他从病床上爬起来，忍着病痛，走走歇歇，歇歇走走，用了2个多小时，才气喘吁吁地走到石碑作坊。

吴天祥和吴天祥小组：

共产党恩情重如山，好公仆待我胜亲人。

来北斗2000年7月

来北斗送上自拟的碑文，择好碑体，交上300元钱，才放心离去。

在来北斗病逝3天后，他的亲人将一块半人高的汉白玉石碑抬进了武昌区人民政府。

与此同时，还有另一块汉白玉碑，也是送给吴天祥和吴天祥小组的，碑上书写着：

"共产党功德无量，天祥精神代代相传。"

送碑人是胡瑶宇，这背后也有一段佳话。

胡瑶宇是位志愿军老战士，在上甘岭战役中受伤，荣立了三等功，被评为三等甲级残废。

后转业到武汉，"文革"中被诬陷判刑。1979年回城后，过着流浪乞讨生活。

一天，胡瑶宇在菜场拾菜叶。吴天祥发现后跟踪到他一贫如洗的家，一家三口全无生活来源。吴天祥掏出200元放在桌子上就走了。"这人是谁？我不认识他，他为什么给我钱？"胡瑶宇疑惑不解。

一月后的一个晚上，吴天祥又出现在胡瑶宇家，为他送去米和油，又给了200元钱。胡瑶宇仍不知道来人的名字，但他明白这是一个好人。

直到后来，胡瑶宇在区信访办，才知道了资助他的好人是吴天祥。

吴天祥常年关心这个"穷亲戚"，随后，还为胡瑶宇的妻子和儿子办了户口。

吴天祥了解到胡瑶宇的遭遇后，决心为这个背了30多年黑锅的老战士讨回公道。

吴天祥会同法院的同志，历尽千辛万苦，内查外调，终于弄清了事实真相。

1999年3月，法院依法撤销原判，宣告胡瑶宇无罪。

有关部门恢复了胡瑶宇的公职，他领到了离休工资。

胡瑶宇无法表达心中的感激之情，只有制作了一面绣有"人民好区长"的锦旗，送给吴天祥。

之后，又送来了这块石碑。

白沙洲街的下岗工人胡满堂，也给吴天祥送来了一块石碑。

胡满堂疾病缠身，儿子又患肝腹水，无钱医治。

2000年冬的一天，胡满堂的老伴吕杏梅找到吴天祥，反映了儿子急需钱动手术的困难。

吴天祥又多了一个"穷亲戚"。

他送去 4000 元，但还是不够支付手术费。

还是老办法："群众的困难依靠群众来解决"，向社会募捐。

吴天祥和吴天祥小组的几个同志一道，在长江大桥武昌桥头下，摆上了募捐箱。

冬季的武汉街头，北风嗖嗖，寒气袭人。

但为了挽救一个老百姓的生命，吴天祥和他的同事们的心是热的。

"吴天祥们"的热心，感染了过往行人。大家纷纷解囊相助，这个捐 50 元，那个捐 100 元，有的小朋友把爸妈给的几元零用钱也捐了出来……

共募捐到 1 万多元。

吴天祥将钱送到胡满堂家中，他的儿子顺利做了手术。吴天祥还多次带医生上门，为胡满堂的儿子治疗。胡满堂全家特意送来石碑，上书：

"三个代表太阳暖，共产党员胜亲人"。

给吴天祥和"吴天祥小组"送碑的还有：

"中国共产党最好，人民的公仆最亲。"——残疾人刘金莲。

"吴天祥小组的同志们是人民的好公仆。"——残疾人田为建。

"吴天祥小组的同志们把党的温暖送到了我们的心坎上。"——特困户陈慧萍。

每个石碑后边，都有一个感人的故事；每个石碑上，都刻着群众对党、对人民政府、对人民公仆吴天祥的深情厚意。

吴天祥经常说："金奖银奖不如群众的夸奖，金杯银杯不如群众的口碑。"

这一个个石碑，不就充分体现了群众的夸奖和口碑吗！

更多的是树在群众心中的无形石碑！究竟有多少，谁又能数得清呢？

后　记

吴天祥精神永放光芒

2004年8月29日，吴天祥60周岁生日。在省人民医院病房，"穷亲戚"王启禄和几位盲人，自发送来了蛋糕，为吴天祥过生日。

吴天祥此次住院期间，有700多平民百姓主动到医院看望慰问。

每年春节，百余人寄贺卡向吴天祥拜年。洪湖市的卢进阶在贺卡上写了一句话，表达了人民群众最朴实，又最自然的情感："你爱人民，人民自然热爱你！"

华中师范大学美术系易云生教授，深为吴天祥精神所感动，带着学生循着吴天祥的足迹走街串巷收集素材，寻找灵感，创作了一幅题为《心系千家万户——基层党员干部的榜样吴天祥》的油画，作为庆祝建党80周年的特殊礼物。

积玉桥街居民王兰的女儿患了重病，给吴天祥写信求助。吴天祥特地上门看望，并送去1000元钱。几天后，王兰到区政府找到吴天祥，边哭边说：孩子由于病太重，没治好，病逝前连说吴伯伯是个大好人。说着，她将孩子写的遗书"感谢吴伯伯"给吴天祥看。此情此景，吴天祥也感动得流下了热泪。

"我最大的心愿，就是见吴天祥一面。"天门市60多岁的邓文采老人是从报上"认识"吴天祥的，十分敬慕他的人格和精神，产生了见一面的愿望。

2004年10月15日，邓文采拄着拐杖，专门乘车赶到武汉，在《楚天都市报》的帮助下圆了这个梦。

临别时，邓文采写了一首藏头祝福诗：

吴氏门中出英杰，

天下善事皆涉猎。

祥和幸福送民间，

好名美誉代代传。

将四句诗的每句开头一字连起来是：吴天祥好。

武昌区文化局创作了《吴天祥之歌》：

他是农民的儿子，

秉承着善良、朴实的品质。

他是江城的儿子，

深深地眷恋着这片土地。

他是党和人民的儿子，

始终牢记全心全意为人民服务的宗旨。

他生长在英雄辈出的长江之滨，

他穿行在"敢为天下先"的武昌城。

这城市繁花似锦，他信心百倍，

这城市日新月异，他步履匆匆。

他生活在与你朝夕相处的人们中，

这里的百姓把他当父母，

他视百姓为亲人。

这里的百姓把他当作"神"，

他视群众利益为己任。

吴天祥的名字、吴天祥的精神乘着歌声的翅膀，传遍了荆楚大地。

100位

新中国成立以来感动中国人物

丁晓兵　马万水　马永顺　马恒昌　马海德　中国女排五连冠群体

孔祥瑞　　孔繁森　　文花枝　　方永刚　　方红霄　　毛岸英

王　杰　　王　选　　王　瑛　　王乐义　　王有德　　王启民

王进喜　　王顺友　　邓平寿　　邓建军　　邓稼先　　丛　飞

包起帆　　史光柱　　史来贺　　叶　欣　　甘远志　　申纪兰

白芳礼　　任长霞　　刘文学　　刘英俊　　华罗庚　　向秀丽

廷·巴特尔　许振超　　达吾提·阿西木　　邢燕子　　吴大观

吴仁宝　　吴天祥　　吴金印　　吴登云　　宋鱼水　　张　华

张云泉　　张秉贵　　张海迪　　时传祥　　李四光　　李春燕

李桂林和陆建芬夫妇　　李素芝　　李梦桃　　李登海　　杨利伟

杨怀远　　杨根思　　苏　宁　　谷文昌　　邰丽华　　邱少云

邱光华　　邱娥国　　陈景润　　麦贤得　　孟　泰　　孟二冬

林　浩　　林巧稚　　林秀贞　　欧阳海　　罗映珍　　罗健夫

罗盛教　　草原英雄小姐妹　　赵梦桃　　钟南山　　唐山十三农民

容国团　　徐　虎　　秦文贵　　袁隆平　　钱学森　　常香玉

黄继光　　彭加木　　焦裕禄　　蒋筑英　　谢延信　　韩素云

窦铁成　　赖　宁　　雷　锋　　谭　彦　　谭千秋　　谭竹青

樊锦诗

图书在版编目（CIP）数据

吴天祥 / 熊金超著. -- 长春 ：吉林文史出版社，
2012.12（2022.4重印）
（100位新中国成立以来感动中国人物）
ISBN 978-7-5472-1391-9

Ⅰ．①吴… Ⅱ．①熊… Ⅲ．①吴天祥－生平事迹－青
年读物②吴天祥－生平事迹－少年读物 Ⅳ．①K827=7

中国版本图书馆CIP数据核字（2013）第002200号

吴天祥

WUTIANXIANG

著/ 熊金超

选题策划/ 王尔立　责任编辑/ 王尔立 李洁华 任玉茗 邱荷

装帧设计/韩璘

出版发行/吉林文史出版社

地址/ 长春市福祉大路5788号　邮编/ 130118

电话/ 0431-81629363　传真/ 0431-86037589

印刷/天津海德伟业印务有限公司

版次/ 2012年12月第1版 2022年4月第4次印刷

开本/ 640mm×920mm　1/16

印张/ 9　字数/ 100千

书号/ ISBN 978-7-5472-1391-9

定价/ 29.80元